神聖ローマ皇帝の即位儀礼

Die Krönung Leopolds II. zum Römischen König in Frankfurt am Main

谷口健治

kenji taniguchi

大垣書店

目次

第三章　皇帝の崩御と選挙告知

第四章　選挙関係者の集合

第五章　ローマ王の選挙

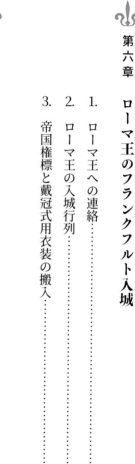

近世の神聖ローマ皇帝

皇帝名	在位期間	前任者との関係
マクシミーリアーン一世	1493～1519	ハープスブルク家
カール五世	1519～1556	孫
フェルディナント一世	1556～1564	弟
マクシミーリアーン二世	1564～1576	息子
ルードルフ二世	1576～1612	息子
マティーアス	1612～1619	弟
フェルディナント二世	1619～1637	いとこ
フェルディナント三世	1637～1657	息子
レーオポルト一世	1658～1705	息子
ヨーゼフ一世	1705～1711	息子
カール六世	1711～1740	弟
カール七世	1742～1745	ヴィッテルスバッハ家
フランツ一世	1745～1765	ハープスブルク・ ロートリンゲン家
ヨーゼフ二世	1765～1790	息子
レーオポルト二世	1790～1792	弟
フランツ二世	1792～1806	息子

はじめに

一九世紀前半には、ウィーン会議を主催したオーストリアの宰相クレーメンス・フォン・メッテルニヒ侯爵がヨーロッパの国際政治を動かしていた。メッテルニヒ侯爵には若い頃神聖ローマ皇帝レーオポルト二世（在位一七九〇～九二）の即位の儀式に参加した経験があった。

メッテルニヒ侯爵はオーストリア皇帝フランツ一世（一七九二～一八三五）に仕えていた。フランツ一世は神聖ローマ皇帝レーオポルト二世の息子であった。一七八九年に勃発したフランス革命の混乱の中からナポレオンが登場してフランスの支配者になり、ヨーロッパ全域でも勢力拡大をめざすようになった。そのナポレオンの圧力によって一八〇六年に神聖ローマ帝国が崩壊するまで、オーストリア皇帝は「神聖ローマ皇帝」を名乗っていた。フランツ一世も「神聖ローマ皇帝フランツ二世」と呼ばれていた。

このように書くと、単にフランツ一世の時代にオーストリア皇帝の称号が変わっただけ、メッテルニヒ侯爵は先代皇帝の即位の儀式に参加しただけのように聞こえるが、そうではない。神聖ローマ皇帝からオーストリア皇帝への称号の変化の背後には、一七八九年のフランス革命とそれに続くフランスとヨーロッパ諸国の戦争が引き金になって起こったヨーロッパの政治体制の大変動があった。

明確な国境線をもつ領土、所属のはっきりした国民、排他的で不可分の統治権という三つの要素を備えた国家はすべての時代に見られるものではない。このような近代的な国家はヨーロッパにおいても一七八九年のフランス革命以降に生まれたものである。まず革命後のフランスでこのような国家が作られ、一七九二年から一八一五年まで断続的に続いたフランスとヨーロッパ諸国の戦争の中で、それが輸出されたり、模倣されたりした。しかしそれ以前の国家はこうした近代国家の要件を完全には満たしていなかった。とりわけ神聖ローマ帝国は近代国家の基準から大きくはずれた奇妙な二重構造をもっていた。

神聖ローマ帝国はカール大帝（七六八〜八一四）が創設したカロリング帝国の系譜を引く国家で、ドイツを中心としてヨーロッパの中央部に広大な領土をもっていた。しかし内部構造は非常に複雑で、領土内に別の小規模な国家（「領邦国家」と呼ばれる）を多数抱え込んでいた。ハープスブルク家の当主としてレーオポルト二世やフランツ二世が支配していたオーストリアもこのような神聖ローマ帝国内の小国家のひとつであった。

レーオポルト二世やフランツ二世はオーストリアの他にも神聖ローマ帝国の内部にボヘミア王国（チェコ）、ネーデルラント南部（ベルギー）、ミラノ公国などの領邦国家、帝国の外部にはハンガリー王国などの領土をもっていた。それと同時に彼らはオーストリア、ボヘミア王国、ネーデルラント南部、ミラノ公国などから見れば上位の国家である神聖ローマ帝国全体の君主、神聖ローマ皇帝でもあった

オーストリア、ボヘミア王国、ネーデルラント南部、ミラノ公国、ハンガリー王国などはレーオポルト二世やフランツ二世がハープスブルク王朝の当主として世襲的に支配していた領土である。しかし神聖ローマ皇帝の地位は世襲ではなく、選挙制であった。結果として、一部の例外を除いて一五世紀半ば以降はハープスブルク家出身の皇帝が続いたが、歴代の皇帝は神聖ローマ帝国の内部にオーストリアと同じような小規模な国家をもつ七人の「選帝侯」(八人や九人の時期も)の選挙によって選ばれていた。

オーストリア皇帝の称号は、一七九二年に始まったフランスとの戦争に敗れて神聖ローマ帝国が消滅に向かう過程で、ハープスブルク王朝が世襲的に支配していたオーストリア以下の領土の君主を表示する新しい肩書として採用されたものであり(一八〇四)、統治する領土も、統治する国家の在り方も異なった神聖ローマ皇帝の地位をオーストリア皇帝が引き継いだわけではなかった。例えば、オーストリア皇帝の統治権は神聖ローマ帝国には所属していなかったハンガリー王国にも及んだし、オーストリア皇帝(世襲制)を選挙する権限をもった選帝侯もいなかった。

最初の一節に戻ろう。メッテルニヒ侯爵が神聖ローマ皇帝レーオポルト二世の即位の儀式に参加したという場合、その儀式はオーストリア帝国のものではなく、一八〇六年に滅亡した別の古い国家の儀式であった。一七才でこの儀式に臨んだメッテルニヒ侯爵は、のちに『回想録』(一八四四)において、その儀式は目にすることができる限りで最も壮大で、最も豪華な式典のひとつであり、最も小さな細部に至るまですべてが伝統の力強さと華美華麗の集結により頭脳と心情に語りかけてきたと振り返っている。

メッテルニヒ侯爵がこのような賛辞を呈した神聖ローマ皇帝レーオポルト二世の皇帝選挙と戴冠の儀式は、具体的にどのように行われたのであろうか。その様子を見ることが本書の課題である。君主の即位の式典には君主とその君主が統治する国家の関係が、したがってまたその国家の在り方が視覚に訴える形で表示されている。レーオポルト二世の即位儀礼は、神聖ローマ帝国が一八世紀の終わりまで一体どのような国家としてその命脈を保ってきたのかということを知る手がかりになるのである。

18 世紀末の神聖ローマ帝国　　Herbers u.Neubaus,S.226

第一章　神聖ローマ帝国とはどのような国家か

1.　生き残った「人的結合国家」

カロリング帝国の末裔

神聖ローマ皇帝レーオポルト二世の即位の儀式を見る前に、簡単に神聖ローマ帝国の歴史を振り返っておこう。

神聖ローマ帝国はカール大帝が八〇〇年に創設したカロリング帝国から一〇世紀に派生した。カロリング帝国はカール大帝の孫の時代に東フランク王国、西フランク王国、中部フランク王国の三つに分裂し（ヴェルダン条約、八四三）、そこからのちにドイツ、フランス、イタリアが生まれた。このうち、のちにドイツとなる東フランク王国には一〇世紀半ばにオットー大帝（九三六～七三）が現れた。

オットー大帝は九五一年に小勢力が入り乱れて混乱していたイタリア王国（イタリア北中部）

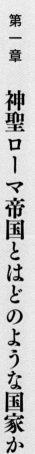

に遠征してこれを併合し、九五五年には東方から侵入を繰り返していた異教徒のマジャール人（ハンガリー人）をレヒフェルトの戦いで打ち破った。その後九六一年に再びイタリアに遠征して、翌年ローマでローマ教皇ヨハネス一二世から帝冠を受け、カロリング帝国を再興した。これが神聖ローマ帝国の始まりである。一〇三三年にはザーリアー王朝の始祖コンラート二世（一〇二四～一〇三九）がブルグント王国（フランス南東部）を併合して、神聖ローマ帝国は東フランク（ドイツ）、イタリア、ブルグントの三つの王国からなる国家になった。

ただしこの国家が「神聖ローマ帝国」という名前で呼ばれるようになるのは、オットー大帝が帝冠を受けてから三〇〇年ほどのちのことである。八〇〇年に成立したカール大帝の帝国は四七六年に滅亡した西ローマ帝国を再興したものとされ、オットー大帝の帝国はそのカール大帝の帝国をもう一度再興したものとされたので、オットー大帝の帝国も理屈のうえではローマ帝国であった。

その後一二世紀後半の皇帝フリードリヒ・バルバロッサ（一一五二～九〇）の時代になって「神聖帝国」という名称が登場し、一三世紀には「神聖ローマ帝国」という呼び名が一般化した。「神聖」とはキリスト教的という意味で、ローマ教皇に対抗して教皇の仲介なしに帝国自体が聖性を帯びていることを主張したものである。

神聖ローマ帝国はカール大帝の時代から数えるとおよそ一〇〇〇年、オットー大帝の時代から数えると八五〇年近くの歴史をもっていたが、一七八九年のフランス革命から一八一五年のナポレオンの最終的な没落まで二五年あまり続いたヨーロッパの政治的・軍事的大混乱を乗り越えることができなかった。

一七九二年に始まったフランスとの戦争で神聖ローマ帝国はライン左岸の領土を失い（リュネヴィル条約、一八〇一）、国内の政治体制の大規模な再編成を行った（帝国代表者会議主要決議、一八〇三）。しかしドイツとイタリアにおける影響力の拡大をめざすナポレオンとの関係は安定せず、一八〇五年に戦争が再開された。

この戦争でオーストリアは敗れ（アウステルリッツの戦い）、翌一八〇六年七月にナポレオンの意向にしたがって一六人の帝国諸侯がライン連邦を結成して神聖ローマ帝国から離脱した。さらに八月にはナポレオンの要求によってフランツ二世が神聖ローマ皇帝の地位を放棄した。神聖ローマ帝国はこうして滅亡した。神聖ローマ帝国の場合、有力臣下の離反と君主の地位の放擲が国家そのものの消滅につながったのである。

帝国に対する評価

一九世紀に生まれたドイツの歴史学は、長いあいだ神聖ローマ帝国を近世ドイツの政治的衰退の元凶と見なしていた。もちろんドイツの歴史学がもっていたプロイセン的・プロテスタント的・国民主義的な偏見に基づく見方である。二〇世紀後半にはドイツの伝統的歴史学は色褪せて、このような偏った捉え方も払拭されつつある。それに加えて一九世紀の歴史学が無自覚に行っていた、近代国家の概念を古い時代にも当てはめるという操作がもはや成り立たなくなっている。

神聖ローマ帝国はドイツ人の国民国家などではないし、中世にイタリアに関心を集中してドイツ国内の問題に目を向けなかったから弱体化したわけでも、近世の皇帝を出していたハープスブルク家が帝国全体の利益を考えなかったから退勢を挽回できなかったわけでもない。三〇年戦争（一六一八～四八）を終結させた一六四八年のウェストファリア条約によって帝国は事実上崩壊したというのも、近代国家を基準にした誤った判断にすぎない。

近年では神聖ローマ帝国に対する伝統的な嫌悪とは逆方向の見方も現われている。近世の帝国を一種の連邦と見立てて、ヨーロッパ統合の先駆的モデルとして評価しようとするものや、ヨーロッパの中央部に位置するドイツが攻撃的にも、膨張主義的にもならず、むしろヨーロッパの安定要因になっていた先例を帝国に見出そうとするものが、それである。しかし近代国家と神聖ローマ帝国の構造の違いを見落としているのではないかという点では、こうした逆の評価にも疑問符がつく。

近代国家との相違

近代国家は排他的で不可分の統治権をもち、明瞭な境界線で区切られた領土を備え、所属のはっきりした国民を抱えているが、神聖ローマ帝国はそのような近代国家とは異なった国家である。中世にはこの帝国にはドイツの他に、オランダ、ベルギー、ロートリンゲン、アルザス、フランシュ・コンテ、フランス南東部、スイス、イタリア北中部、チェコ、シュレージエン、オーストリア、スロヴェニアというヨーロッパ中央部の広大な地域が含まれていた。

その後オランダが独立（一六四八）したり、南西部から西部にかけてのドフィネー、プロヴァンス（いずれも中世末期）、フランシュ・コンテ（一六七八）、アルザス（一六八〇年代）、ロートリンゲン（一七六六）がフランスに併合されたりして失われ、スイスとの関係も希薄になった。このように領土の広がりに変動があったが、どの範囲を占めていた時代であれ、帝国には厳格に管理された国境線はなく、また帝国に所属していたそれぞれの地域と帝国の結合の度合いにも大きな差があった。

帝国には君主として皇帝がいたが、その一方で一二世紀頃から帝国各地に政治的有力者（「帝国諸侯」と呼ばれた）が独自に小規模な国家（領邦国家）を築くようになった。そのうえシュタウフェン王朝の支配が崩壊して「大空位時代」（一二五四〜七三）が始まると、七人の帝国諸侯が選挙によって次の皇帝を選ぶ制度が登場した（選挙権をもつ帝国諸侯は「選帝侯」と呼ばれた）。これによって皇帝が帝国各地の帝国諸侯による国家形成の動きを抑え込んで自らの権力を強化する基盤は失われた。

一五世紀末以降、西ヨーロッパの国家や帝国内の大きな領邦国家は政治制度の整備を進めて、君主と官僚組織に権力を集中することをめざすようになった。これとは対照的に、同じ時代に、帝国においては皇帝の力はさらに弱くなった。その姿は同時代人にも奇妙に映ったらしく、一六六七年の著作で法学者のザームエール・プーフェンドルフは帝国を「異常で、化物じみた」団体と評した。

しかし神聖ローマ帝国は中世以来のヨーロッパにおける国家の在り方から見れば、それほど不可解な国家ではない。もともとヨーロッパの国家は国家の在り方を定めた成文の規則に基礎を置くものではなく、支配者と地方の政治的有力者のあいだの人間関係と、それを支えるさまざまな儀礼や慣例に基づいて成立していたのであり、権力は分散的で、重層的で、不均質なものであった。こうした人間関係に基づく国家を「人的結合国家」と呼ぶ。

一五世紀末以降、西ヨーロッパでは中央集権化が試みられ、古い国家の在り方は次第に後景に退いて、見えにくくなった。神聖ローマ帝国においても、この時期に帝国議会、帝国裁判所、帝国クライスなどの制度が生まれ、帝国ももはや単純な「人的結合国家」ではなくなった。しかし以前から皇帝に課されていた選挙という制約のため、帝国では皇帝への権力の集中は起こらなかった。

一八世紀から一九世紀への転換期以降、現在に至るまで、ヨーロッパの国家は法律や規則によって合理的に組み立てられた組織（近代国家）である。しかしその前段階にはそれとは仕組みを異にする国家が存在していた。近代国家へ向けてのいわば「助走」に当たる、近世の中央集権化の動きを欠いているため、神聖ローマ帝国からはヨーロッパのこの古い政治文化がよく見えるのである。

2. 選挙という足枷

推戴される君主

ヨーロッパの一八世紀以前の古い時代の国家においては、権力は分散的で、重層的で、不均質な在り方をしており、君主と並んで領土内の各地に統治権をもつ政治的有力者がいた。こうした地方的統治者を、君主から公権力を委託されたり、簒奪したりした私的な支配者と見るのは、中央集権を志向する側が作り出したフィクションである。

もちろん、領土内の各地に半自生的な地方的支配者がいたとしても、君主が彼らと同列の支配者であったわけではなく、君主には君主としての権限と権威が認められていた。しかし絶対的な支配者ともいいがたく、君主は各地の地方的統治者の同意と臣従によってその地位を保っていた。

君主の地位が世襲によって継承されている場合にも、地方的有力者からの同意と臣従がなければ君主は長期的にはその地位を維持できなかったが、世襲制が成立していなければ、君主が死亡するたびに政治的有力者によって次の君主が推戴されるという、より直接的な君主の地位への臣下の干渉が現れた。

ただし推戴にも状況によって内実に差があった。世襲制が確立していなくても、同一の王朝が直系の継承者を得て途切れることなく続けば、君主は自らの存命中に子供を後継者や共同統治者に指名して臣下に推戴させ、代替わりに備えて次の君主を用意することができた。このため推戴は次第に形式化した。しかし王朝が断絶すれば、政治的有力者の推戴が次の君主を決めるうえで決定的な役割を演じることになった。

この点に関しては、同じカロリング帝国から分かれたフランス王国と神聖ローマ帝国で事態は対照的に推移した。カロリング帝国においては一見世襲によって君主権が継承されていたように見えるが、実際には王や皇帝が権力を息子に継承させる際には政治的有力者の集会を開いてその承認を取りつけることが必要であった。カール大帝も死亡する前年の八一三年にアーヘンに有力者を集めて集会を開き、その同意を得たうえで、息子のルートヴィヒ敬虔帝（八一四〜四〇）に祭壇に置かれていた黄金の王冠をかぶせて、共同皇帝にしていた。

この政治的有力者の賛同を得たうえでの王位継承という方法はカロリング帝国の後継国家においても長く守られた。しかし西フランク王国（フランス）では九八七年に王位についたカペ王朝がその後一三二八年まで三四〇年あまりのあいだ途切れることなく続いたため、変化が起こった。ヨーロッパではキリスト教会が君主にも一夫一婦制を強要して正妻の子供以外の非嫡出児を王位継承から排除し、子供の死亡率も非常に高かったので、単一の王朝がこれほど長いあいだ継続することはむしろ珍しかった。

この長期的な継続のため、フランスでは王が自らの存命中に息子を共同統治者として有力者に推戴させることが繰り返されて、推戴という手続きは次第に意味を失い、やがては消滅することになった。一一八〇年にフランス王位を継承したフィリップ二世は、まだ前年の一一七九年に父親のルイ七世によって共同統治者として指名され、有力者の集会で歓呼を受けるという手続きを踏んでいた。しかし一二二三年にフィリップ二世が死亡したあと、息子のルイ八世はまったく有力者の賛否を問うことなく直ちに即位し、これによってフランスでは王位の世襲制が確立された。

これに対して、神聖ローマ帝国では比較的短命な王朝が続いた。オットー王朝（九一九〜

一〇二四）、ザーリアー王朝（一〇二四～一一二五）、シュタウフェン王朝（一一三八～一二五四）はいずれも一〇〇年あまり、四世代から五世代のあいだしか継続期間がなかった。このため、同一王朝が続いているあいだは、君主の生存中に後継者を臣下に推戴させることが行われたものの、王朝の交代時には次の君主を実際に決定する推戴が顔を出し、推戴が形骸化することはなかった。

推戴から選挙へ

フランスで王位が世襲化した一三世紀に、神聖ローマ帝国においては、君主の側からいえば、事態はさらに悪化した。ここでは一二五四年にコンラート四世（一二五〇～五四）が死亡してシュタウフェン王朝の支配が崩壊したあと、二〇年近く「大空位時代」（一二五四～七三）が続き、そのあいだに、多くの政治的有力者が参加する君主の推戴に代わって、七人の選帝侯による君主の選挙が行われるようになった。

多数の政治的有力者による推戴の場合、推戴はいわば集団的行為であり、推戴が有効になるためにはだれが推戴に参加していることが必要なのか、それぞれの参加者の発言がどれだけの重みをもつのか、必ずしも明確ではなかった。しかし選挙制の場合には、選挙する権利は特定の少数の政治的有力者（選帝侯）と結びついて、参加者の範囲と発言力についての不明瞭さはなくなった。

輪郭のはっきりした権限として選挙権を手に入れた選帝侯はそれを自らの特権として死守したので、選挙制は強力に根を張ることになった。また選挙制では選帝侯の個別的な利害がより明瞭に現れるようになり、地方的統治者のひとりとしての自らの立場を守るために、王朝の連続性を妨害して、強力な君主の出現を阻もうとする傾向が強くなった。

神聖ローマ帝国では君主の推戴に実際に参加する政治的有力者の数が減少する傾向がすでに一二世紀末から現れていたが、「大空位時代」になぜこの流れが決定的になり、多数の政治的有力者による君主の推戴が七人の選帝侯による君主の選挙に切り替わったのか、その理由はまだ明らかになっていない。

七人の選帝侯

推戴が選挙に変化するなかで選帝侯の地位を獲得したのは、聖職者のマインツ大司教、トリーア大司教、ケルン大司教、俗人のボヘミア王、ライン宮中伯(プファルツ選帝侯とも)、ザクセン公、ブランデンブルク辺境伯の七人であった。一三世紀に神聖ローマ帝国には聖職者の帝国諸侯は九〇人あまりいた。神聖ローマ帝国はキリスト教の教会組織に支えられた国家であった。一方、俗人の帝国諸侯は二〇人あまりであった。これらの政治的有力者のなかで、なぜこの七人が選帝侯なのか、この点もまだ解明されていない。

一説には、この七人が選帝侯になったのは、大書記官と宮廷大官という帝国の重要官職（併せて「帝国大官」と呼ばれる）に就いていたからともいう。中世の神聖ローマ帝国は統治機構の整っていない国家であったが、それでも古くから、君主が発給する文書を作成する書記官という官職と、君主の宮廷で奉仕する四つの宮廷官職は存在した。四つの宮廷官職というのはトゥルフゼス、マルシャル、ケメラー、シェンク（ムントシェンクとも）の四つである。トゥルフゼスは食卓の差配、マルシャルは厩舎の管理や旅宿の手配、ケメラーは宝物・調度・衣装の管理、シェンクは酒蔵の管理に当たった。

高位聖職者でラテン語の読み書きができた三人の大司教は、君主の書記官を束ねる「帝国大書記官」の職に就いていた。ラテン語はキリスト教会の用語であり、中世にはヨーロッパ諸国の公用語でもあった。三人の大司教のあいだには職務の分掌があり、マインツ大司教はドイツ担当の、トリーア大司教はブルグント担当の、ケルン大司教はイタリア担当の帝国大書記官の地位を保持していた。ただしどの帝国大書記官の職務も中世末期にはすでに形式的なものになり、「帝国副書記官」と呼ばれる代行者が皇帝の書記局である「帝国宮廷書記局」の実際の管理を行うようになっていた。

一方、九三六年にアーヘンでオットー大帝が東フランク王として戴冠した際に、ロートリンゲン公がケメラー、フランケン公がトゥルフゼス、シュヴァーベン公がムントシェンク、バイエルン公がマルシャルとして疑似的に奉仕したことから、戴冠式や宮廷会議などの君主が臨席する政治的有力者の集まりにおいて君主に奉仕する「宮廷大官」の職務が生まれた。

その後、四つの宮廷大官の職務のうち、ライン宮中伯が帝国大トゥルフゼス、ザクセン公が帝国大マルシャル、ブランデンブルク辺境伯が帝国大ケメラー、ボヘミア王が帝国大シェンクの職務を獲得して、それらを世襲するようになった。しかしこれらの宮廷大官職の保持者も近世には自ら儀式や行事に出席することが少なくなり、代行者が実際の奉仕を行うようになった。

なお七人の選帝侯はこうした帝国大官の地位を抜きにしても一三世紀の神聖ローマ帝国における最有力の地方的支配者ではあった。マインツ大司教、トリーア大司教、ケルン大司教は帝国の西部に「教会管区」をもつキリスト教会の高位聖職者であり、同時に世俗的な領邦国家の支配者でもあった。またライン宮中伯は帝国の西部に、ボヘミア王、ザクセン公、ブランデンブルク辺境伯は帝国の東部に大きな領邦国家を築いていた。

俗人の領邦国家と比べると、三人の大司教の領邦国家は小規模であった。それにもかかわらず、キリスト教会の力を背景にしてその政治的影響力は大きかった。キリスト教会はローマ教皇を頂点にして、各地に司教区を置いて司教がこれを管理し、司教区をさらに多数の教区に分けて主任司祭がこれを管理する三段階の階層構造をもっていた。司教のなかの有力者は「大司教」と呼ばれ、周囲の他の司教を監督する立場にいた。大司教の監督権の及ぶ範囲が「教会管区」

である。大司教は教会組織のなかではローマ教皇に次ぐ権威をもち、それが政治的な発言力につながっていたのである。

当初これら七人の選帝侯の地位は慣例によるものであったが、一三五六年に皇帝カール四世（一三四六〜七八）が公布したいわゆる「金印勅書」によって文字で固定されたものになった。またこの「金印勅書」によって選挙の手続きも明文化された。それまでは選帝侯の意見が分かれて二重選挙が行われ、複数の君主が選ばれて、抗争を繰り広げることもあった。このような混乱を避けるために、選帝侯の多数決による君主の選出が定められたのである。

なお「金印勅書」という名称であるが、ヨーロッパには冊子の形態の文書のページがすり替えられないように、冊子に穴を開け、そこに紐を通して、紐に金属の封印を付ける習慣があり、この封印に金を使用したものが「金印文書」と呼ばれていた。カール四世の「金印勅書」もこうした「金印文書」のひとつである。ただしカール四世の「金印勅書」（原本とされる複数の冊子が存在する）に金印が付けられたのはこの習慣が普及する一五世紀になってからである。

選帝侯の増減

制度が発足してから長いあいだ選帝侯の顔ぶれは変わらなかったが、一七世紀に三〇年戦争（一六一八〜四八）に絡んで選帝侯の入れ替えが起こった。一六一八年に三〇年戦争の発端となるボヘミアの反乱が起こり、ほどなく皇帝に選出されるボヘミア王フェルディナント二世（一六一九〜三七）が廃位されて、プロテスタントの帝国諸侯の指導者ライン宮中伯フリードリヒ五世が新しいボヘミア王として迎えられた。しかし一六二〇年の白山の戦いでボヘミアの反乱軍はハープスブルク家とカトリックの帝国諸侯の軍勢に敗れ、ライン宮中伯はオランダに亡命して、反乱も鎮圧された。

この敗戦の結果一六二三年にライン宮中伯は選帝侯の地位を剥奪され、代わりにカトリックの帝国諸侯の指導者で、皇帝フェルディナント二世に協力していたバイエルン公マクシミーリアーン一世が選帝侯の地位を獲得した。その後三〇年戦争を終結させた一六四八年のウェストファリア条約によって、バイエルン公の選挙権が確認されるとともに、亡命中に死亡したライン宮中伯の息子カール・ルートヴィヒの復権が認められ、新しい八番目の選帝侯が生まれた。

さらに一六九二年になると、ブラウンシュヴァイク・リューネブルク公エルンスト・アウグストが政治的・軍事的協力への見返りとして皇帝レーオポルト一世（一六五八〜一七〇五）によって九人目の選帝侯に任命された。このブラウンシュヴァイク・リューネブルク公（ハノーファー選帝侯とも）の選帝侯としての地位はようやく一七〇八年になって帝国議会によって承認された。

それと同時にボヘミア王の選帝侯としての全面的な権利が確認された。ボヘミア王は以前から選帝侯のひとりであったが、一五世紀半ば以降皇帝の選挙以外の選帝侯の活動には加わらなくなっていた。このため、一五一九年から選挙の前に皇帝候補者が選帝侯に対して選挙後の行動について約束する「選挙協約」が締結されるようになったが、ボヘミア王は「選挙協約」への参加を拒まれていた。しかしプロテスタントのハノーファー選帝侯と均衡をとるために、カトリックのボヘミア王の参加が承認されたのである。一五二六年以降はオーストリア系ハープスブルク家の当主がボヘミア王を兼ねていたので、これによって最有力の皇帝候補者であるオーストリア系ハープスブルク家の当主が「選挙協約」の協議に直接加わることになった。

一七七七年にはバイエルン選帝侯マクシミーリアーン三世ヨーゼフが子供のないまま死亡し、バイエルン系ヴィッテルスバッハ家が断絶したため、親戚のライン宮中伯カール・テーオドーアがバイエルン選帝侯の領土と選帝侯の地位を相続した。しかしライン宮中伯が以前からもっていた選挙権と、今回相続した選挙権の二票の権利を行使することは認められず、この時点で選帝侯の数は九人から八人に減少した。

これ以降、帝国終末期の一八〇三年に帝国代表者会議主要決議によってトリーアとケルンの選挙権が廃止され、新たに四人の選帝侯が追加されて総勢一〇人になるまで、八人が選帝侯の数である。

皇帝の称号

選帝侯の数が時代によって変化したのと同じように、選挙で選ばれる君主の称号も途中で変化した。「大空位時代」（一二五四〜七三）に選帝侯による選挙制が始まってからも長いあいだ、選帝侯はそれまでの慣例にしたがって実は「皇帝」ではなく、「ローマ王」と呼ばれる皇帝の予定者を選んでいた。皇帝の予定者が帯びる「ローマ王」という称号は、神聖ローマ皇帝とローマ教皇が争った「叙任権闘争」（一〇七五〜一一二二）に絡んで一一世紀の終わりから使用されるようになっていた。

選帝侯によってローマ王に選出された皇帝の予定者は、その後折を見て軍勢を率いてアルプス山脈を越え、ローマに出かけた。軍勢を連れて行ったのは、敵対勢力の妨害を受けることが多かったからである。妨害を排除してローマに入城したローマ王は、そこでローマ教皇による皇帝戴冠式を行い、皇帝の地位に就いた。ローマ王はすでに帝国の君主であったが、教皇による戴冠以前には皇帝を名乗らなかった。その時々の事情によって教皇から帝冠を受けなかったローマ王もいた。「大空位時代」を終わらせたハープスブルク王朝の始祖ルードルフ一世（一二七三〜九一）もそのひとりである。

一五〇八年になるとマクシミーリアーン一世（一四九三〜一五一九）が、ローマ教皇による皇帝戴冠以前には皇帝を名乗らないというこの慣例を破った。マクシミーリアーン一世はローマでの皇帝戴冠式を計画していたが、ミラノ公国を占領したフランスやヴェネツィアに行く手を阻まれたので、教皇ユリウス二世の同意を得て、ティロールのトリエント大聖堂で儀式を行ったあと、教皇による戴冠のないまま皇帝の称号を帯びた。ただしの「戴冠されたローマ皇帝」ではなく、「選ばれたローマ皇帝」と名乗った。

マクシミーリアーン一世の孫で、相続の偶然が重なってスペインとその広大な植民地の支配者になっていたカール五世（一五一九〜五六）は、一五一九年に祖父が死亡したあとローマ王に選ばれ、翌年アーヘンでローマ王としての戴冠式を行った。カール五世は戴冠式のあと祖父と同じく「選ばれたローマ皇帝」を名乗ったが、一五三〇年に改めてイタリアのボローニャで教皇クレメンス七世による皇帝戴冠式を行い、旧来の形での皇帝になった。これがローマ教皇による最後の皇帝戴冠になる。

カール五世の時代には、マルティーン・ルターが始めた宗教改革によってキリスト教会がカトリックとプロテスタントに分裂した。カール五世はカトリックによる帝国の宗教的統一を維持しようと努めたが、最終的には帝国におけるカトリックとプロテスタントの併存を認めざるをえなくなった（アウクスブルク宗教和議、一五五五）。このため、失望して一五五六年に皇帝の地位を退いた。カール五世の引退は皇帝の生前退位という珍しい例である。

カール五世の弟で、分割相続によってオーストリアの支配者になっていたフェルディナント一世（一五五八〜一五六四）がすでに一五三一年にカール五世の後継者としてローマ王に選ばれていた。しかし、フェルディナント一世が自動的に次の君主になることに選帝侯が抵抗した。二年近く紛争が続いたあと、一五五八年に選帝侯がフェルディナント一世をフランクフルト・アム・マインの大聖堂において皇帝として推戴することで折り合いがついた。推戴の前に改めて「選挙協約」が結ばれたが、再度の選挙や戴冠式は行われなかった。

フェルディナント一世の息子のマクシミーリアーン二世（一五六四〜七六）は、父親がまだ統治していた一五六二年にローマ王に選ばれ、父親の死とともに遅滞なく後継の皇帝になった。マクシミーリアーン二世の息子のルードルフ二世（一五七六〜一六一二）も父親の存命中の一五七五年にローマ王に選出され、父親の死とともに皇帝になった。このように一六世紀後半には、ローマ王は教皇による皇帝戴冠とは関係なく前任者の地位を引き継ぐ形で皇帝の称号を帯びるようになった。これに合わせて皇帝の正式の称号も「戴冠されたローマ皇帝」からマクシミーリアーン一世由来の「選ばれたローマ皇帝」に変化した。

儀式の場所

多数の政治的有力者による推戴が七人の選帝侯による選挙制に変化した時期に、ローマ王の推戴あるいは選挙はドイツ西部の帝国都市フランクフルト・アム・マインにおいて行われることが多くなった。フランクフルトはドイツの南北交通の要衝であり、またロートリンゲンやアルザスを含み、北東部を欠いていた当時のドイツの地理的な広がりからいえば、ドイツの中心部に位置していたので、参加者が集まりやすかったからであろう。

一三五六年の「金印勅書」以前には、慣例によってフランクフルトがローマ王を選出する場所として選ばれていたが、以後は「金印勅書」にフランクフルトにおいてローマ王を選挙すべきことが明記された。フランクフルトで新しい君主が選ばれたあと、関係者は北西に二〇〇キロメートルほど離れたカール大帝ゆかりの帝国都市アーヘンに移動し、そこでローマ王としての戴冠式を行った。

アーヘンをローマ王の戴冠の場所とすることはオットー大帝以来の伝統であり、「金印勅書」にもそのように定められていたが、一五六二年にマクシミーリアーン二世がローマ王に選出された際にこの規則が破られた。アーヘンでの戴冠式の執行者であったケルン大司教が急死したため、マクシミーリアーン二世は選挙に続いてフランクフルトでローマ王としての戴冠式を行い、フランクフルトを宗教的に統括するマインツ大司教から王冠を受けた。

この一五六二年の変更のあと、アーヘンに戴冠式が戻って来ることはなかった。その後も個別の事情によってアーヘンで戴冠式が行われないことが重なり、やがてアーヘンでの戴冠が王位の正統性を担保する要素とは見なされなくなった。このため、帝国の北西に片寄っていて不便なアーヘンではなく、もっと交通の便のよいフランクフルトやドーナウ河畔のレーゲンスブルクなどが戴冠の場所として選ばれるようになった。一七一一年の皇帝カール六世(一七一一〜四〇)の即位以降は、フランクフルトで選挙を行ったあと、引き続きフランクフルトで戴冠式を行うことが慣例になった。

なお近世に入ると、選挙で君主に選ばれるのはオーストリア系ハープスブルク家の当主にほぼ限定されるようになった。このような特定の家系への固定化は君主の家系が頻繁に入れ替わった中世末期の状況と著しい対照をなしている。バルカン半島を北上して来るイスラム教の国家オスマン帝国の脅威に対抗できる領邦国家の支配者が他にいなかったことが選択の幅を狭めた主な要因と考えられている。ただし連続して皇帝を出していたものの、選挙制はすでに強固に根を下ろしていて、ハープスブルク家は皇帝の地位を世襲化できなかった。

このように長い歴史のなかで選帝侯の人数、皇帝の称号、戴冠の場所などに変化があったが、選帝侯による帝国の君主の選挙自体は一三世紀半ばから一八世紀末まで五五〇年近くのあいだ一度も途切れることなく続けられた。また選挙や戴冠式の進め方も、細部は時代によって変更されているものの、根幹の部分は一八世紀末まで変わらなかった。

第二章 儀式の舞台フランクフルト

1. 都市の形状

城壁と市街地

中世にはヨーロッパの君主は、自らの勢力圏内に設けた複数の宮廷を転々としながら統治する「巡回王政」を行っていた。このため固定した首都は生まれなかった。神聖ローマ帝国はこの伝統を受け継いでいて、帝国には制度上の首都は存在しなかった。

近世には皇帝の大部分がオーストリア系ハープスブルク家から選ばれたので、皇帝の多くは帝国の東の端の、オーストリアの中心都市ウィーンに居を構えていた。ウィーンはハープスブルク家が領有する領邦国家の中心地にすぎなかったが、皇帝の居住という点からいえば実質的にはここが帝国の首都であった。

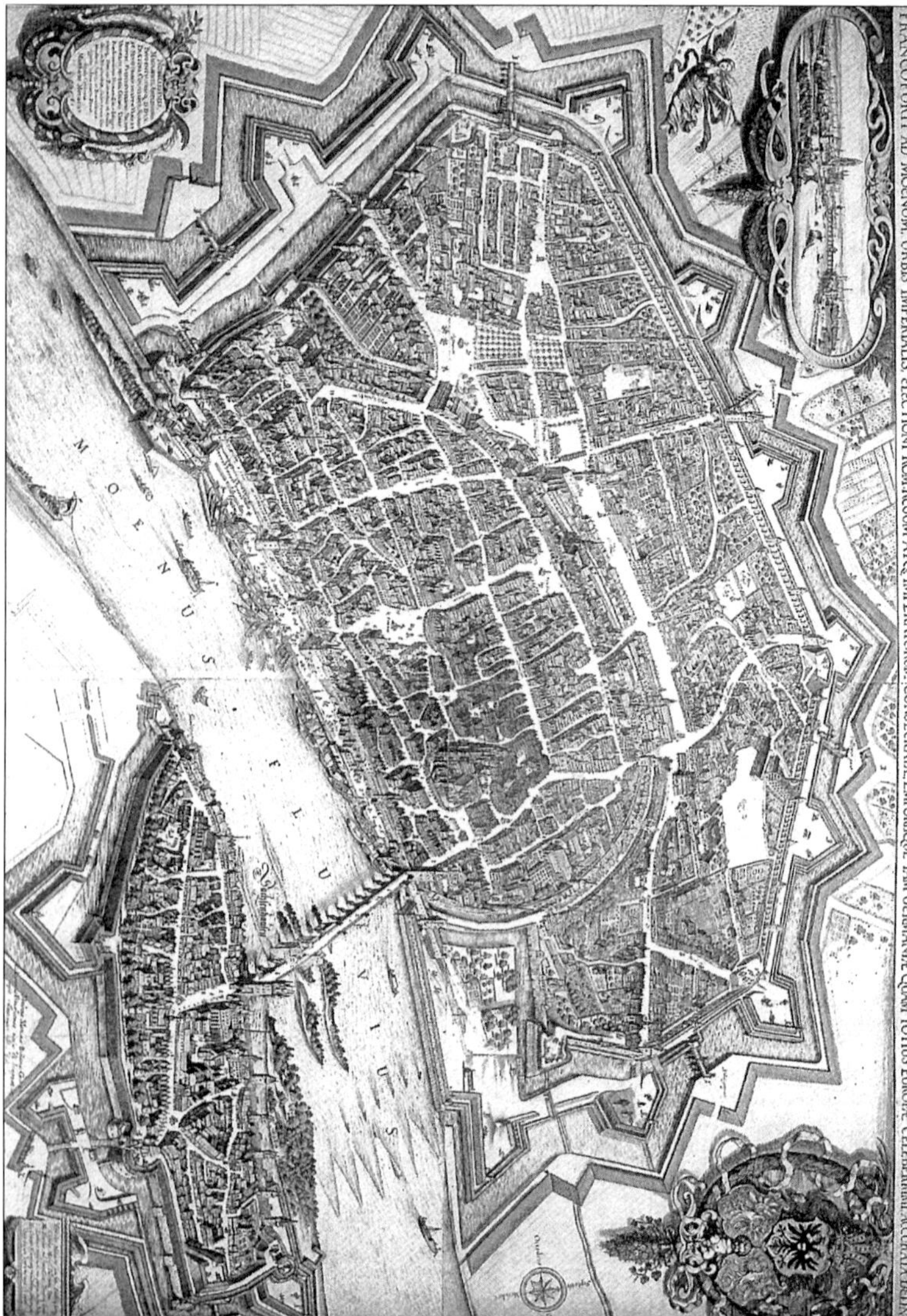
FRANCOFURTI AD MOENUM, URBIS IMPERIALIS, ELECTIONI ROM. REGUM ATQ. IMPERATORUM CONSECRATÆ, EMPORIIQUE TAM GERMANIÆ QUAM TOTIUS EUROPÆ CELEBERRIMI ACCURATA DELINEA
MOENUS FLUVIUS

フランクフルト全景（1761）

しかし次の皇帝を生み出す儀式はウィーンでは行われなかった。すでに述べたように、古くから皇帝（厳密にいえば皇帝予定者のローマ王）はウィーンから西に六〇〇キロメートルあまり離れた帝国都市フランクフルト・アム・マインにおいて選出されていた。さらに一八世紀には戴冠式もここで挙行されるようになった。

選挙と戴冠式の経過を追う前に、これらの式典の舞台になったフランクフルトの様子を見ておくことにしよう。

フランクフルトはドイツの中央部を東西に流れるマイン川のほとりにある。マイン川は大きく蛇行しながら東から西に向かい、マインツのそばでライン川に合流している。フランクフルトは合流点の手前、マインツから東に四〇キロメートルあまり離れたところに位置している。一九世紀はじめまではマイン川の北側（右岸）に半円形に市街地が広がっていた。

この場所にフランクフルトと呼ばれる集落ができたのは中世はじめのフランク王国の時代である。七九四年にはカール大帝が聖俗の有力者をここに集めて宗教会議を開いた。この時代からフランクフルトは王（皇帝）に直属する王領地であった。一二世紀にこの集落は発展して都市になり、まわりに城壁が築かれた。一三世紀には市参事会を中心とする自治体制が生まれた。

フランクフルトを都市に発展させたのはその経済力であった。ドイツの南北交通の要地であったフランクフルトでは早くから大市（メッセ）が開かれていた。さらに一四世紀の前半には皇帝ルートヴィヒ四世（一三一四～四七）から、それまでの秋の大市に加えて、春にも大市を開く権利を獲得した（一三三〇）。春の大市は復活祭（キリストの復活を祝う祝日。年によって三月末から四月末のあいだを移動する）前後の三週間、秋の大市は八月一五日から九月八日までの三週間半開かれた。大市では繊維製品を中心にさまざまな商品が取り引きされた。また大市と結びついて金融業も盛んになった。フランクフルトは現在でもヨーロッパの金融業の中心地のひとつである。

新しい大市の権利を獲得すると同時に、フランクフルトはルートヴィヒ四世から市の領域を拡大する許可も受けた（一三三三）。この領域拡大に合わせて、新しい城壁と濠が作られ、一二世紀の城壁の北側に広がっていた新市街とマイン川南岸沿いの「ザクセンハウゼン」と呼ばれる地域が城壁の内部に取り込まれた。新しい城壁が作られたあとも、もとの市街地を取り巻いていた一二世紀の古い城壁は撤去されなかった。この一四世紀半ばに行われた領域拡大のあと、フランクフルトの市域は一九世紀はじめまで変わらなかった。

ただし市街地を取り巻く城壁は一七世紀にもう一度姿を変える。一七世紀に入ると、大砲の発達によって旧来の高い石の壁と塔からなる城壁は役に立たなくなり、ヨーロッパ各地で「稜堡」（バスティオン）と呼ばれる五角形の巨大な防塁と幅の広い濠を組み合わせた防御設備が作られるようになった。これに合わせて、フランクフルトでも一四世紀の領域拡大の際に作られた城壁と濠のすぐ外側に、一四基の稜堡を備えた防壁が築かれ、その前面に幅の広い濠が掘られた（一六二八〜六七）。

一四世紀の城壁と一七世紀の稜堡式防壁で二重に囲まれたフランクフルトの市街地は、大きく区分すると三つの部分に分けることができた。ひとつは一二世紀の古い城壁で取り囲まれた旧市街である。この部分は面積が四〇ヘクタールと狭く、家が建て込んでいて、道路も入り組んでいた。もうひとつは一二世紀の古い城壁と一四世紀の城壁のあいだの新市街である。この部分は面積が旧市街のおよそ二倍あった。ここには大きい広場、大きい家、庭園や菜園、広い道路が設けられていた。第三の部分がマイン川南岸沿いのザクセンハウゼンである。三つの部分を合わせても、市の領域の面積は一二八ヘクタールにしかならなかった。

ただしフランクフルトの市域が特別に狭かったわけではなかった。一八世紀以前のヨーロッパにおいては、ロンドンのような野放図に広がった都市はむしろ珍しい存在で、都市の領域は総じて狭小であった。

主要な道路と広場

一九世紀までヨーロッパの都市は通常城壁で囲まれていたので、どこからでも自由に市街地に出入りできたわけではなく、都市への出入口は何か所かに限られていた。フランクフルトの場合、市街地を取り巻く最も外側の一七世紀の稜堡式防壁に七つの城門が設けられていた。これらの城門では市の守備隊の兵士が常時人の出入りを監視しており、夜間には城門は閉鎖された。

七つの城門をくぐるとフランクフルトの市内に入ることができたが、市内の道路は曲がりくねっていて、まっすぐ市の中心部に向かうことはできなかった。また市内の道路は一部の例外を除いていずれも幅が狭かった。とりわけ旧市街では道幅が狭くなっていた。しかしそのなかでも三本の南北の道路が機能上旧市街の主要な通りと見なされていた。ファールガッセ、ノイエ・クレーメ、コルンマルクトがそれである。

フランクフルトの旧市街とザクセンハウゼンのあいだを流れるマイン川には古くから橋が架かっていた。すでに一三世紀前半には橋は石造りになっていた(一二二二年に石造りの橋の最初の記録)。この橋はマイン川を歩いて渡れる数少ない場所で、これによってフランクフルトはドイツの南北交通における要の位置を占めるようになった。橋の北側は旧市街の東部を通る主要道路のひとつファールガッセにつながっていた。

ファールガッセを少し北上すると西側に、選挙と戴冠式の会場になる大聖堂(聖バルトロメーウス教会)があった。ファールガッセをさらに北に進むと、一二世紀の古い城壁に設けられたボルンハイマー門に至った。この城門は古くから市の監獄として使われていたが、一七六五年に撤去された。

ボルンハイマー門の北側からは西に向かって「ツァイル」(家並みという意味)と呼ばれる非常に幅の広い東西の道路が延びていた。ツァイルの西の端は城門や城壁ではなく、「ロスマルクト」と呼ばれる広場につながっていた。ロスマルクトはフランクフルトで最も大きい広場で、一七世紀までここで馬市が開かれていた。またここでは公開処刑なども行われた。これとは別に市の西側にも常設の処刑台があった。

一方、ボルンハイマー門の東側にはユダヤ人街(ゲットー)の出入口があった。フランクフルトには古くから皇帝の保護のもとにユダヤ人が居住していた。一五世紀になると、一二世紀の古い城壁の外側に沿って、シナゴーグ(ユダヤ教の礼拝堂)などのユダヤ人の生活に必要な施設を備えた細長いユダヤ人街が作られ、市内のユダヤ人はここに集められた(一四六〇)。一七世紀後半には反ユダヤ人暴動に対処するためユダヤ人街の出入口の西側に「砲兵哨舎」と呼ばれる市の守備隊の詰め所が設置された。

石の橋の北詰からマイン川に沿って西に向かうとマイン河港があった。河港には足踏み式クレーンなどの設備が設けられていた。マイン河港と旧市街のあいだにも一二世紀の古い城壁が残っていたが、ファール門、レーオンハルト門などの城門を通って市内に入ることができた。

ファール門から北上すると、「レーマーベルク」と呼ばれるフランクフルトの中央広場があった。広場の中心には「正義の泉」と呼ばれる噴水があり、その東側には井戸が設けられていた。広場の西側に面して、選挙と戴冠式の際に会議室、控室、宴会場などとして使用された市庁舎、南東面には聖ニコライ礼拝堂(参事会礼拝堂)が建っていた。レーマーベルクから北に延びる通りがノイエ・クレーメで、ノイエ・クレーメを北上すると「リープフラウエンベルク」と呼ばれる広場に至った。リープフラウエンベルクの北側には聖母教会があった。

一方、西寄りのレーオンハルト門から北上すると、コルンマルクトを経て一二世紀の古い城壁に設けられたカタリーナ門に至った。この城門も市の監獄として使われていた。ヨハン・ヴォルフガング・フォン・ゲーテの戯曲『ファウスト』に出てくるグレートヒェンのモデルになった赤ん坊殺しの女性はここに収容されていた。この城門は一七九〇年の六月に取り壊された。途中のコルンマルクトは旧市街西部の主要道路で、ここでは穀物市が開かれていた。またコルンマルクトはフランクフルトの上層市民が好んで居住する通りでもあった。カタリーナ門の北側には「ホイマルクト」と呼ばれる広場があり、その東側にはカタリーナ教会があった。

一五世紀半ばにマインツ出身のヨハネス・グーテンベルクが活版印刷術を発明すると、ヨーロッパ各地で本の出版が盛んになった。一五世紀の終わりからフランクフルトでは春と秋の大市(メッセ)に合わせてコルンマルクトの南の部分で大規模な書籍市が開かれるようになった。このため、コルンマルクトの南の部分は「ブーフガッセ」(書籍通り)と呼ばれることになった。

フランクフルトの書籍市は一六世紀から一七世紀前半にかけて国際的な重要性をもっていたが、一七世紀後半には次第に衰退した。

数少ない新しい建物

一七世紀まで、フランクフルト市内の建物の大部分は切妻屋根の木組み造りの家で、大きい建物は教会や修道院にほぼ限られていた。市庁舎も一四〇八年に大聖堂の西隣からレーマーベルクの西側に移って以降、まわりの建物を次々に併呑して床面積は大きくなっていたものの、建て替えは行われず、七軒の切妻屋根の家屋を寄せ集めた複合体にとどまっていた。一八世紀に入ると、ようやくフランクフルトでも新しい建築様式の建物が作られるようになった。

石造りの橋のザクセンハウゼン側のたもとには、古くからドイツ騎士団（ドイツ騎士修道会）の所有する建物があった。一七一五年に古い建物は取り壊されて、バロック様式の三階建ての館に建て替えられた。ドイツ騎士団は神聖ローマ帝国の領士外の騎士団領が一五二五年に時の総長によってプロイセン公国に模様替えされたあとも存続していた。

居住用の建物ではないが、一七二九年には一二世紀の古い城壁に設けられたカタリーナ門の北側の広場ホイマルクトに、ボルンハイマー門の北側の「砲兵哨舎」とならぶ市の守備隊の詰め所として、バロック様式の「中央哨舎」（ハウプトヴァッヘ）が作られた。「中央哨舎」は腰折れ屋根の乗った二階建ての建物で、地下室があり、地下室は監獄として使われた。

一八世紀に生まれた建造物のなかでも特に大きかったのが、帝国郵便を運営していたトゥルン・ウント・タクシス侯爵の宮殿である。タクシス家は北イタリア出身の運送業者で、一五世紀の終わりにハープスブルク家の依頼を受けてネーデルラントとイタリアを結ぶ近代的な郵便路線を生み出した。タクシス家の郵便は一定の距離を置いて馬や騎手（のちには馬車も）を取り替えるための中継基地を設け、リレー方式によって郵便物を高速で運ぶことを特徴とした。その後タクシス家は郵便路線を拡大して富を蓄積し、社会的身分を上昇させて一七世紀前半に帝国伯爵になった。一七世紀半ばから同家はトゥルン・ウント・タクシスを名乗るようになり、一七世紀末には帝国侯爵の地位まで上り詰めた。

トゥルン・ウント・タクシス家は長いあいだネーデルラント南部（ベルギー）のブリュッセルを本拠地にしていたが、皇帝カール六世の要請を受けて一七二四年にフランクフルトに本拠地を移すことを決定した。これに対応して一七三一年に、カタリーナ門の北側のホイマルクトから北上して稜堡式防壁のエッシェンハイマー門に至るエッシェンハイマーガッセの東側で、トゥルン・ウント・タクシス家の新しい宮殿の建設が始まった。この宮殿には郵便の施設が併設されていた。

一七三九年になると、トゥルン・ウント・タクシス侯爵が一六〇人もの要員を連れてブリュッセルからこの宮殿に引っ越してきた。侯爵はここで本格的な宮廷生活を営んだが、一七四八年に皇帝フランツ一世（一七四五〜六五）の要請によって帝国議会における皇帝の代理人「筆頭代行者」を務めることになり、帝国議会が開かれていたレーゲンスブルクに移住した。こうして主のいない宮殿が残されることになった。この宮殿は一九世紀にはドイツ連邦議会の議場として利用された。

こうした特殊な建造物の他に、一八世紀になると富裕層の家を中心に、民家の一部でも新しい建築様式の建物への建て替えが進められた。よく知られている例が旧市街の西の端の通りグローサー・ヒルシュグラーベンに面したゲーテの家である。一七五五年から翌年にかけてゲーテの父親が、古い二軒の木組み造りの家を壊して新しい家を建て、ゲーテはここで大きくなった。

ゲーテの祖父はテューリンゲンからフランクフルトにやって来た仕立屋の職人にすぎなかったが、新市街の大通りツァイルの西寄り、ホイマルクトの近くで営業していた、一七世紀はじめから続く老舗の旅館ヴァイデンホーフの未亡人と結婚し、旅館業とワインの取引で巨万の富を築いた。その息子のゲーテの父親は大学で法学を学び、フランクフルトの名目上の長官シュルトハイスを務めていたヨハン・ヴォルフガング・テクストルの娘と結婚して、フランクフルトの上層市民になっていた。

宮殿や哨舎のような建物にせよ、ゲーテの家のような裕福な市民の家屋にせよ、一八世紀のフランクフルトでは新しい建築様式の建物はまだ少数であり、また一七九〇年には旧市街の南東部、石造りの橋の北東に直線的な道路をもつフィッシャーフェルト地区が生まれたが、このような近代的な街並みもまだ建設が始まったばかりであった。領邦国家の首都などと比べると、一八世紀のフランクフルトはむしろ古風な街であった。

2. 自治制度と住民

自治の仕組み

すでに述べたように、フランクフルトには一三世紀に自治制度が生まれた。ただし最初は自治といっても、フランクフルトの領主である皇帝によって任命される代官シュルトハイスが市の長官としてフランクフルトにおける裁判と行政を司り、自治機関の市参事会がこれに協力しているにすぎなかった。しかし一三七二年に市が皇帝カール四世からシュルトハイス職を買い取り、参事会がその権限を吸収すると、皇帝の支配は形式的なものになり、フランクフルトは参事会を最高決定機関とする政治的に独立した都市と見なされるようになった。

その後一四〇八年に参事会の構成員の数は四三人に固定された。参事会に取り込まれて筆頭参事会員になったシュルトハイス以外に四二人の構成員がおり、一四人ずつ三つの部会に分かれて活動した。第一部会の構成員は「参審員」と呼ばれ、参事会の仕事の他に裁判を担当した。第二部会の構成員は「ゼナートル」と呼ばれ、参事会の仕事の他に行政職を分掌した。参事会の構成員は終身制で、第一部会の構成員に欠員が生じると第二部会の構成員から補充された。「アルテ・リムプルク」と「フラウエンシュタイン」という二つの社交クラブに集まる「都市貴族」(都市の最上層の市民)が第一部会と第二部会を牛耳っていた。第三部会の構成員は「賛助参事会員」と呼ばれ、九つの職種の手工業者の中から選ばれたが、第三部会には大きな権限はなかった。

シュルトハイス職が買い取られた一三七二年以後も、名目上はシュルトハイスがフランクフルトの長官であったが、実権はなくなり、皇帝ではなく参事会がこの職務への就任者を選ぶようになった。シュルトハイスに任期はなく終身制であった。シュルトハイスに代わって実際にフランクフルトの市政を指揮するようになったのが二人の市長である。二人の市長はどちらも任期一年で、第一市長は第一部会から、第二市長は第二部会から選ばれた。参事会の議長は第一市長が務めた。外部に対して市を代表するのも第一市長の役目であった。

また一八世紀以前のヨーロッパにおいては、外部から文書や手紙を受け取る仕事が非常に重視されていて、これも第一市長の任務であった。一七九〇年の選挙と戴冠の式典に関しても、外部からの連絡はすべてこの年の第一市長ヨハン・フォン・ラウターバッハが受け取った。

「市民」と住民

ところでフランクフルトにはどのような住民が何人住んでいたのであろうか。フランクフルトは一四世紀の終わりにはすでに九〇〇〇人を超える人口をもっており、近世のはじめには人口はおよそ一万二〇〇〇人になっていた。その後停滞の時代もあったが、人口は次第に増えて一八世紀半ばにはおよそ三万五〇〇〇人の住民がこの都市で暮らしていた。一七八〇年には人口は幾分増加しておよそ三万六〇〇〇人になった。

現代の都市と比べると極めて小規模であるが、一八世紀のドイツにおいては、ウィーンの人口が一七万五〇〇〇人、ベルリンの人口が九万人、ハンブルクの人口が七万五〇〇〇人という程度なので（いずれも一七五〇年の数値）、フランクフルトも比較的大きい都市の部類に入るであろう。

一八世紀半ばのフランクフルトの人口およそ三万五〇〇〇人のうち、「市民」（市民権保有者）はおよそ四〇〇〇人であった。一八世紀以前のヨーロッパでは個々の都市に市民権が設けられていて、それぞれの都市で市政に関与したり、手工業を営んだり、不動産を取得したり、市有財産を利用したりすることができるのはそれぞれの都市の市民権をもつ住民に限られていた。この時代には「市民」という言葉は都市の住民一般ではなく、こうした個々の都市の市民権をもつ住民のみを指した。

ただしそれぞれの都市の市民権がその都市の市民の平等を保障したわけではなく、市民のあいだには大きな経済的・社会的格差があった。特に大きい都市の場合には、市民の中の古くから続く非常に裕福な家系（主に不動産から収入を得ていた）が閉鎖的な社交クラブに集まって「都市貴族」を形成していることが多かった。こうした「都市貴族」は都市の主要な官職を独占し、都市の政治も支配していた。フランクフルトにおいても市民のあいだの格差は非常に大きく、また「都市貴族」も存在していて「アルテ・リムプルク」と「フラウエンシュタイン」という二つの社交クラブを作っていた。選挙と戴冠式の際にフランクフルトに集まって来る儀式関係者に対する儀礼上の応対や式典への協力も、こうした「都市貴族」を中心とした市の役職者によって行われた。

フランクフルトの人口に占める市民（市民権保有者）の割合はおよそ一一・四パーセントであった。この少数の住民のみがフランクフルトという都市共同体の構成員としての権利を行使していた。しかしその一方で、市民は税金を負担したり、都市を防衛するため自前の武器を用意して市民軍（市民の民兵部隊）に参加したりする義務も負わなければならなかった。選挙と戴冠の期間にも市民は市民軍の兵士として儀式関係者の警備において重要な役割を果たした。

もっともこのおよそ一一・四パーセントという数値はミスリーディングなものでもある。というのは、未成年者はそもそも市民権の対象にならず、女性は普通市民権を取得しなかったので、およそ四〇〇〇人の市民というのはほぼ成人の男性に限られるからである。家族（妻と子供）も含めれば、市民とその家族は一万八〇〇〇人ほどいたと推定される。家族単位で見ると、市民とその家族はフランクフルトの住民のおよそ五一・四パーセントを占めており、実は住民の中で最も数の多い集団なのである。

他には、まとまった集団として、居留民（市内での限定的な営業権を認められた住民）がおよそ一八〇〇人、ユダヤ人がおよそ三〇〇〇人、女性の家事使用人がおよそ七六〇〇人、手工業の職人（男性のみ）が二〇〇〇人前後いた。家事使用人と職人は普通住み込みで働いていて、独立した世帯を形成しておらず、社会の自立的な構成員とは見なされなかった。市民軍に加わっていた居留民以外の、これらの集団は選挙や戴冠とは直接的な関係をもたなかった。

第三章　皇帝の崩御と選挙告知

1.　皇帝の崩御と葬送

皇帝ヨーゼフ二世死す

神聖ローマ皇帝の即位の儀式は現任皇帝の崩御を合図に始まった。近世には皇帝が死亡する前に後継者となる次の皇帝（現任皇帝の生存中は「ローマ王」と呼ばれる）が選ばれることもあったが、そのような選挙と戴冠が行われるかどうかはその時々の政治状況に拠った。本書で取り上げるレーオポルト二世の場合には、選挙と戴冠の儀式は兄の皇帝ヨーゼフ二世（一七六五〜九〇）の崩御を受けて実施された。

すでに述べたように、近世の皇帝の多くはハープスブルク家が領有する領邦国家オーストリアの中心都市ウィーンで暮らしていた。一八世紀以前のヨーロッパの都市は通常まわりに城壁をもっていた。特にウィーンはオスマン帝国の大軍の攻撃を受けた経験があり

(一五二九、一六八三)、その再度の襲来に備えて、まわりに稜堡(バスティオン)式防壁、濠、斜堤(グラシー)からなる非常に強固な防御施設を巡らせていた。防御施設の跡地は現在非常に幅の広い環状道路になっている。

その分厚い防御設備で取り囲まれた狭い町の中に多くの建物が建っていた。市内の北寄りには市庁舎、東寄りにはウィーン大司教区の大聖堂(聖シュテファン教会)、東部にはウィーン大学があった。ハープスブルク家のホーフブルク宮殿が市内の南西の一角を占めていた。宮殿は城壁の内側に接して建っている何棟もの建物からなっていた。この宮殿が皇帝の日常の住まいであり、近世の皇帝の多くはこの宮殿で亡くなった。

ヨーゼフ二世もこのホーフブルク宮殿で息を引き取った。ことの発端は三年前の一七八七年に始まったロシアとオスマン帝国のあいだの第二次露土戦争(一七八七～九二)にあった。ロシアと同盟を結んだヨーゼフ二世は翌一七八八年に自らオーストリア軍を率いてベオグラード攻略に向かったが、年末に戦場で肺結核を発症し、その後病状が悪化して一七九〇年二月二〇日の早朝に死亡した。享年四九。

ヨーゼフ二世はローマ王に選出される前の一七六〇年に、パルマ公フィリップの娘イザベラと結婚した。しかし三年後にイザベラは娘をひとり残して天然痘で死亡し、娘も一七七〇年に亡くなった。イザベラに執心のヨーゼフ二世は、一七六五年にバイエルン選帝侯マクシミーリアーン三世ヨーゼフの妹マリーア・ヨゼファといやいや再婚したが、この二度目の妻を放置し、一七六七年に二度目の妻も天然痘で死亡した。二度も不幸な結婚を経験したヨーゼフ二世はそれ以後再婚しようとしなかったので、直系の後継者はいなかった。

このため、ヨーゼフ二世の兄弟姉妹の相続権が問題になった。ヨーゼフ二世には多くの兄弟姉妹がいた。母親のマリーア・テレージアはハープスブルク王朝の広大な領土を統治しながら、男子五人、女子一一人、合計一六人もの子供を産んだ。フランス王ルイ一六世に嫁いで、フランス革命に遭遇するマリー・アントワネットはマリーア・テレージアの末娘（一一女）である。

ヨーゼフ二世のこれら一五人の兄弟姉妹のうち七人はすで死亡し、八人が生き残っていたが、ハープスブルク家の相続の規則によって、父親フランツ一世の領土を分与されて一七六五年以降イタリアのトスカーナ大公国を統治していた、六才年下の弟レーオポルトがヨーゼフ二世の相続人になった。

レーオポルトは兄のヨーゼフ二世と同じく啓蒙主義の信奉者で、トスカーナ大公国において一連の行政改革、司法改革を実行し、成果を挙げていた。ヨーゼフ二世の死とともにレーオポルトはオーストリア、ボヘミア王国、ハンガリー王国、ネーデルラント南部、ミラノ公国、西南ドイツ領などのハープスブルク家の世襲領土を相続して、次の皇帝の候補者という立場に立った。

皇帝の葬儀

レーオポルトはヨーゼフ二世が死亡した時にはトスカーナ大公国の首都フィレンツェにいたが、ハープスブルク家では君主の葬儀は宮廷長官を中心に行われたので、相続人の不在は葬儀の障害にはならなかった。ヨーゼフ二世の葬儀も、死の直後に開かれた宮廷長官ゲオルク・フォン・シュターレムベルク侯爵が主宰する廷臣の会議の決定にしたがって進められた。

この会議には、宮廷長官の他に、君主に二四時間近侍する侍従長のフランツ・クサーヴァー・フォン・ウルジーン・ウント・ローゼンベルク伯爵、宮廷の司法を担当し、君主の外出の手配も行う宮廷マルシャルのエルンスト・ツー・カウニッツ伯爵、宮廷の馬や馬車を管理する宮廷厩舎長のヨハン・バプティスト・フォン・ディートリヒシュタイン侯爵などが参加した。宮廷での序列は宮廷長官が第一位、侍従長が第二位、宮廷マルシャルが第三位、宮廷厩舎長が第四位である。

ヨーロッパの王朝では、葬儀の準備は通常は遺体の解剖から始まった。王朝の構成員が死亡すると、侍医が遺体を解剖して、心臓、内臓、脳などの腐敗しやすい部位を取り出し、遺体に防腐処理を施して、臓器を取り出したところにロウの詰め物をした。中心的な臓器とされた心臓と、内臓や脳などのその他の部位はそれぞれ別の壺に入れて、遺体とは別の場所に安置された。オーストリア系ハープスブルク家の場合には、遺体はカプチン教会、心臓の壺はアウグスト教会（ホーフブルク教区教会）のロレート礼拝堂、内臓などの壺はウィーン大聖堂（聖シュテファン教会）に収められることになっていた。しかしヨーゼフ二世は自らの命令によってこの措置を行わせなかった。このため、ヨーゼフ二世の場合には心臓の壺も内臓などの壺も保管されていない。弟のレーオポルト二世以降この習慣は復活した。

死後の解剖を拒否したので、ヨーゼフ二世の遺体はそのまま、これも本人の希望に沿って、白い元帥の制服を着用し、拍車のついた長靴を履き、白いかつらをつけた姿で、ホーフブルク宮殿の謁見の間の黒い布で覆われた壇の上に安置された。まわりには銀の十字架と六台の燭台が立てられた。なおかつらは一七世紀後半から一八世紀にかけてはシラミ対策を兼ねた男性の一般的な装身具で、上流や中流の男性は通常かつらをかぶっていた。

崩御の翌日の二月二一日の夜に納棺が行われ、内側が金蘭、外側が黒いビロードと金モールで覆われた木棺に遺体が移された。宮廷が所属していたホーフブルク教区の主任司祭による祝福のあと、木棺は八人の室内召使によってホーフブルク宮殿の南東に隣接するアウグスト教会（ホーフブルク教区教会）に運ばれた。ロウソクをもった小姓、下級近衛兵、侍従長のウルジーン・ウント・ローゼンベルク伯爵、数名の侍従が棺の供をした。

教会内の壁は皇帝の紋章（双頭の鷲）の入った黒い幕で覆われていた。教会内には「カストルム・ドローリス」（悲しみの城）と呼ばれる、天井と柱を備え、そこに無数の彫刻や飾りが取りつけられた葬儀用の装飾台が設置されて、その中に蓋を開けたまま棺が安置され、まわりにロウソクが立てられた。棺のそばには上級近衛兵が見張りとして立った。

棺の両脇には黒いビロードのクッションが置かれ、その上に帝冠、帝杓、帝玉、ハープスブルク家の王冠(ルードルフ二世の王冠)、ハンガリーの王冠、ボヘミアの王冠、オーストリア大公の帽子、「金羊毛騎士団」の金羊毛ペンダント、聖シュテファン勲爵士団のペンダント、マリーア・テレージア勲爵士団の勲章、帽子、短剣、杖、手袋が置かれた。ただし帝冠、帝杓、帝玉の実物は一五世紀以降帝国都市ニュルンベルクで保管されており、ここに飾られていたのは模造品である。

なお「金羊毛騎士団」というのは一五世紀前半にブルゴーニュ公が功績のあった臣下を顕彰するために創設した騎士団で、その名前は古代ギリシアのアルゴノートの神話に由来している。騎士団はその後ブルゴーニュ公シャルルの相続人マリーと結婚した皇帝マクシミーリアーン一世によって受け継がれ、ハープスブルク家のものになった。一七〇〇年にスペインのハープスブルク家が断絶したあと、騎士団はスペイン系とオーストリア系に分かれた。スペインでもオーストリアでも最高位の騎士団とされ、歴代の君主が総長を務めて、騎士の数は五〇人に限定されていた。

棺が安置されたアウグスト教会では、主祭壇の両脇の副祭壇で翌二月二二日の正午までミサが行われ、大臣、枢密顧問官、侍従、女官が祈りを捧げた。朝夕には宮廷音楽隊が「ミゼレーレ」（詩篇五一）を歌った。教会内の遺体はあらゆる階層の住民に公開されたので、要所に兵士が配置された。

遺体の埋葬

一九世紀以前のヨーロッパでは火葬は忌まれ、土葬が一般的であった。ただし貴族の場合には教会の地下などに専用の墓所をもっていて、ここに棺を安置したので、文字どおりの土葬が行われたわけではなかった。葬儀を終えた遺体は葬列を作ってこうした墓所に運ばれた。

ハープスブルク家では遺体の墓所への搬送は夕方か夜に行われるのが慣例であった。ヨーゼフ二世の遺体も二月二二日の夕方にアウグスト教会から東に少し離れたノイアー・マルクトと呼ばれる広場の西側のカプチン派の教会に運ばれた。一七世紀以降このカプチン派の教会の地下にハープスブルク家の棺を納める墓所が設けられていた。葬送の行列を警備するため、アウグスト教会の西側のヨーゼフ広場からカプチン教会の東側のノイアー・マルクトまで道の両側に兵士が並び、ピッチ（瀝青《れきせい》）を入れた皿を並べて照明が行われた。

カプチン派は一五二五年にフランチェスコ派から分かれた托鉢修道会で、対抗宗教改革の流れのなかでウィーンにもやって来て、多くの帰依者を獲得した。一七世紀前半に皇帝マティーアス（一六一二～一九）の妻アナの遺言によってカプチン教会の地下に墓所が作られ、その後ハープスブルク家の構成員はここに埋葬されていた。

午後五時にアウグスト教会からカプチン教会に向かう最初の葬送の行列が出発した。ヨーロッパの行列では、警備要員などは別にして、身分の低い者が先に行進するのが慣例である。まず騎兵部隊が行進し、救貧院の収容者、ロウソクをもった修道士がそれに続いた。次にウィーン市と近郊の教区のすべての主任司祭、ウィーン市の参事会（市の最高決定機関）の構成員、下オーストリアの身分制議会の議員が行進し、「帝国宮廷顧問会議」（皇帝直属の帝国裁判所）の顧問官、領邦政府の高官、宮廷官職の保有者が続いた。

この葬列がカプチン教会に到着するまでに、宮廷の各部局の長官、「金羊毛騎士団」の騎士、マリーア・テレージア勲爵士団と聖シュテファン勲爵士団の構成員、枢密顧問官、侍従、外国の宮廷関係者、女官、ウィーン大学の学長と四人の学部長（一八世紀以前のヨーロッパの大学は四学部制）、ウィーン大聖堂の聖堂参事会（大司教を補佐する高位聖職者の団体）の構成員などがカプチン教会に集まった。

午後六時から七時にかけて、ウィーン市と近郊のすべての教会の鐘が鳴らされるなかで、遺体のカプチン教会への搬送が行われた。午後六時すぎに棺は「カストルム・ドローリス」（葬儀用装飾台）から降ろされて、蓋が閉じられ、ホーフブルク教区の主任司祭による祝福を受けたあと、六頭の馬が引く宮廷霊柩車に乗せられた。ロウソクをもった小姓、下級近衛兵、侍従長のウルジーン・ウント・ローゼンベルク伯爵、宮廷厩舎長のディートリヒシュタイン侯爵、上級近衛兵の隊長ヨーゼフ・フォン・ロプコヴィッツ侯爵を始めとする三人の近衛兵の隊長が棺の霊柩車へ搬入に立ち会った。ハープスブルク家の構成員の遺体を墓所へ搬送するのに霊柩車を使うのは一八世紀後半に始まったばかりの新しい習慣で、それまではカプチン教会まで人が棺を担いで運んでいた。

霊柩車の準備が整うと、第二の葬送の行列がカプチン教会に向けて出発した。最初に騎兵部隊が行進し、そのあとに騎手二人、室内召使と設営係を乗せた三台の馬車、ロプコヴィッツ侯爵以下の三人の近衛兵の隊長を乗せた六頭立ての馬車、侍従長ウルジーン・ウント・ローゼンベルク伯爵と宮廷厩舎長ディートリヒシュタイン侯爵を乗せた六頭立ての馬車が続いた。そのうしろを先駆けと喪服を着た下級召使が徒歩で進み、続いて遺体を乗せた霊柩車が進んだ。霊柩車の両脇を下級召使、ロウソクをもった小姓、下級近衛兵、上級近衛兵が歩いて行進した。霊柩車に続いてトランペットと太鼓を鳴らしながら騎馬のハンガリー近衛兵が進み、最後に擲弾兵中隊が行進した。

なおハープスブルク家の近衛兵は戦場で戦うことを想定した部隊ではなく、君主とその家族の警護を目的とする組織であった。古くから下級近衛兵（トラバント）と上級近衛兵（アルチーア）の二つに分かれていて、服装も異なっていた。一八世紀後半には、下級近衛兵は金色の縁取りのある黒いバイコーンの帽子、赤い上着と赤い胴着と赤いズボンを着用し、斧槍と剣を装備していた。一方、上級近衛兵は金色の縁取りのある黒いバイコーンの帽子、黒い袖なし上着、赤い上着と麦藁色の胴着、麦藁色のズボンを着用し、片刃の矛と剣を装備していた。上級近衛兵は必要に応じて馬に乗って警備を行った。上級近衛兵は特に入隊条件が厳しく、貴族身分をもたない者は入れなかった。マリーア・テレージアの時代にさらにハンガリー近衛兵などが創設された。ハープスブルク家では宮廷長官が近衛兵のすべての部隊を指揮していた。

葬列がカプチン教会に到着すると、棺は霊柩車から降ろされ、教会内の金色の布をかけた壇の上に置かれて、ウィーン大司教の祝福を受けた。その後ロウソクをもった多数のカプチン派の修道士に先導されて、棺はカプチン派の修道院長たちによって地下の墓所に運ばれた。ここでウィーン大司教による最後の祝福が行われた。

続いて宮廷長官シュターレムベルク侯爵が設営係に棺の蓋を開けさせ、カプチン派の修道士に遺体を見せた。カプチン教会の院長が世話に最善を尽くすと誓ったあと、棺の蓋は閉じられ、二つの鍵がかけられて、ひとつは宮廷側に、ひとつはカプチン教会側に渡された。これで遺体の葬送は終了した。のちに錫の「外郭棺」が完成すると、木棺はその中に納められた。ただしヨーゼフ二世以降、多くの人物像や飾りがついた伝統的な「装飾外郭棺」は利用されなくなり、もっと小ぶりで質素な「外郭棺」に替えられた。

葬送の翌日から三日間、アウグスト教会で午後六時から徹夜の祈り、次の日の午前一〇時には「死者のミサ」が行われた。教会内の「カストルム・ドローリス」（葬儀用装飾台）の中には空の棺が入れられ、棺の上には十字架とクッションに載せられた帝冠、帝杓、帝玉などが置かれ、まわりには無数のロウソクが立てられた。初日にはウィーン大司教、二日目にはザンクト・ペルテン（ウィーン大司教区の西に隣接する属司教区）の司教、三日目にはウィーン大聖堂の助司教（大司教の宗教的職務の代行者）兼聖堂参事会主席が儀式を主導した。宮廷は二月二一日から半年間喪に服し、この間には黒い衣服が使用された。ハープスブルク家の君主の服喪期間は以前には一年二か月であったが、儀礼の簡素化でマリーア・テレージアの時代に六か月に短縮されていた。

二月二五日の早朝には、皇帝の選挙と戴冠の舞台になるフランクフルトの第一市長ラウターバッハにも、皇帝のフランクフルト駐在官から皇帝崩御の知らせが届けられた。これを受けてフランクフルトにおいても、参事会の指示によって四週間にわたって皇帝の喪に服する措置が取られた。服喪期間の終盤の三月二一日には市内のルター派の教会で追悼の説教と音楽の集いが開かれた。また三月二四日には、ルター派信者である参事会の代表や住民も参加して、フランクフルトの大聖堂において「カストルム・ドローリス」を設け、その中に空の棺を置いてカトリック式の模擬葬儀が催された。

2. 選帝侯の顔ぶれ

八人になっていた選帝侯

神聖ローマ帝国は死亡した皇帝を丁重に弔う制度をもたなかった。皇帝には固有の葬送儀礼はなく、上に見たように、皇帝の葬儀は出身王朝の君主の葬儀として営まれた。帝国全体で皇帝の喪に服する期間も出身王朝の服喪期間よりかなり短く、四週間にとどまった。皇帝の崩御のあと、その短い服喪期間にさえ制約されることなく、すぐに次の皇帝を選ぶ動きが始まった。

新しい皇帝を選出する過程は、皇帝を事実上決定する選帝侯のあいだの外交交渉、選帝侯の代理を務める「選挙大使」による選挙会議（主に新しい皇帝と締結する「選挙協約」について協議）、選帝侯あるいは選帝侯の代理を務める選挙大使によるローマ王の選挙、選ばれたローマ王の戴冠の儀式からなっていた。戴冠式を済ませたローマ王は、現任の皇帝がいない場合には、すぐに皇帝の称号を帯びた。選帝侯のあいだの外交交渉と選挙会議の準備は同時に進行した。

新しい皇帝を選挙する権利は、すでに何度も述べたように、選帝侯のみがもっていた。もともと選帝侯は七人であったが、紆余曲折を経て一八世紀の終わりには八人になっていた。ヨーゼフ二世が死亡した一七九〇年の時点では選帝侯は次のような顔ぶれであった。

マインツ大司教フリードリヒ・カール・ヨーゼフ（生没年一七一九～一八〇二）
トリーア大司教クレーメンス・ヴェンツェスラウス（一七三九～一八一二）
ケルン大司教マクシミーリアーン・フランツ（一七五六～一八〇一）
ボヘミア王レーオポルト二世（一七四七～九二）
バイエルン公兼ライン宮中伯カール・テーオドーア（一七二四～九九）
ザクセン公フリードリヒ・アウグスト三世（一七五〇～一八二七）
ブランデンブルク辺境伯フリードリヒ・ヴィルヘルム二世（一七四四～九七）
ブラウンシュヴァイク・リューネブルク公ゲオルク三世（一七三八～一八二〇）

なお皇帝の生存中に次の皇帝が選ばれていなければ、皇帝が死亡してから次の皇帝が決まるまでのあいだは皇帝が不在の「空位期間」になったので、この間には「帝国代理」が置かれて、皇帝のほとんどすべての権限を代行することになっていた。「帝国代理」には選帝侯のライン宮中伯（一六四八年以降はバイエルン公も権利を主張）とザクセン公が自動的に就任し、それぞれ帝国の西部と東部を担当した。今回はバイエルン公兼ライン宮中伯カール・テーオドーアとザクセン公フリードリヒ・アウグスト三世が「帝国代理」を務めた。また「イタリア王国」(イタリア北中部)に関してはサヴォーイア公が「帝国代理」に就任した。サヴォーイア公は一七二〇年以降サルデーニャ王を兼ねており、一般的にはサルデーニャ王と呼ばれる。

聖職者の選帝侯

八人の選帝侯のうち、まずは三人の聖職者の略歴を見ておこう。

マインツ大司教フリードリヒ・カール・ヨーゼフはフランケンの帝国騎士エルタール男爵家の出身。父親はマインツ選帝侯領の枢密顧問官を務めており、マインツで生まれた。大学を出て聖職者になり、一七五三年にマインツ大聖堂の聖堂参事会(大司教を補佐する高位聖職者の団体)の一員になった。また一七五八年にはマインツ選帝侯領の枢密顧問官に就任した。一七六四年に行われた皇帝ヨーゼフ二世の選挙と戴冠式にはマインツ大司教の代理の第一選挙大使として参加した。一七七四年からマインツ大司教の地位にあり、ヴォルムス司教も兼任していた。マインツ大司教はフランクフルトの近くの、ライン川とマイン川の合流点にあるマインツを居城にしていた。一七九〇年には七一才で、最高齢の選帝侯であった。

トリーア大司教クレーメンス・ヴェンツェスラウスはザクセン公とポーランド王を兼ねて

いたフリードリヒ・アウグスト二世の七男である。一七六一年に軍人から聖職者に鞍替えし、一七六三年にフライジングとレーゲンスブルクの司教になった。一七六八年にトリーア大司教に選ばれ、さらにアウクスブルクの司教になった。しかしフライジングとレーゲンスブルクの司教の地位は返上した。ザクセン公フリードリヒ・アウグスト三世のおじに当たる。また兄のアルベールがヨーゼフ二世、皇帝候補者レーオポルト、ケルン大司教マクシミーリアーン・フランツの姉妹マリー・クリスティーヌと結婚しており、彼らとは義理の兄弟になる。トリーア大司教は一七世紀以降次第にトリーアに住まなくなり、一七八〇年にクレーメンス・ヴェンツェスラウスが最終的にライン川とモーゼル川の合流点にあるコーブレンツに宮廷を移した。一七九〇年には五一才であった。

ケルン大司教マクシミーリアーン・フランツは皇帝フランツ一世とマリーア・テレージアの末子（五男）、すなわちヨーゼフ二世やレーオポルトの弟である。最初軍人の道に進んだが、病気のため一七七九年に母親マリーア・テレージアの強い勧めによって聖職者をめざすことになった。一七八〇年にドイツ騎士団（ドイツ騎士修道会）の総長になり、一七八四年にケルン大司教およびミュンスター司教に選ばれた。ケルン大司教はすでに一三世紀後半にはケルンを離れて、ケルンの南のボンに居住地を移していた。一七九〇年には三四才で、最も若い選帝侯であった。

なおドイツ騎士団は一般には一五二五年に消滅したように思われているが、実はその後も存続していた。一五二五年にホーエンツォレルン家出身のドイツ騎士団の総長アルブレヒトがカトリックからルター派に転向し、騎士団国家を世俗化してプロイセン公国に模様替えしたうえ、自らこの公国の君主に収まった。その後プロイセン公国の君主の地位を親戚のブランデンブルク辺境伯が相続して、ブランデンブルク・プロイセンという国家が生まれ（一六一八）、一八世紀にはオーストリアに対抗する勢力になった。しかし、ドイツ騎士団の歴史にはもうひとつ別の筋がある。

一五二五年のドイツ騎士団のプロイセン公国への転換を皇帝カール五世は認めなかった。ドイツ騎士団には総長の下にドイツ管区長とリヴォニア管区長という二人の幹部がいたが、カール五世は騎士団の世俗化に対抗して、ドイツ管区長のヴァルター・フォン・クローンベルクを昇格させて新たな総長に任命し、帝国内の分散した騎士団領をもとに騎士団を存続させた（中心地はヴュルテンベルク北部のメルゲントハイム）。このため、一八世紀にもドイツ騎士団は存在していて、マクシミーリアーン・フランツはその総長に就任したのである。

俗人の選帝侯

次に五人の俗人の選帝侯を見てみよう。

ボヘミア王レーオポルト二世というのは皇帝候補者レーオポルト本人である。一五二六年にボヘミア・ハンガリー王ラヨシュ二世はオスマン帝国軍と交戦し、モハーチの戦いで戦死した。ラヨシュ二世には子供がいなかったので、その姉と結婚していた、カール五世の弟のフェルディナント一世がボヘミアとハンガリーを手に入れ、それ以来両王国はオーストリア系ハープスブルク家の領土になっていた。兄のヨーゼフ二世が死亡したあと、後継者のレーオポルトが両王国をも相続してボヘミア王になった。一七九〇年にはレーオポルトは四三才であった。なおレーオポルトがローマ王の戴冠式に臨むのはこれがはじめてではなく、一七才のとき兄ヨーゼフ二世の戴冠式に親族として参加した経験があった。

バイエルン公兼ライン宮中伯カール・テーオドーアはファルツ系ヴィッテルスバッハ家の支流の出身で、一七四二年に本流が断絶したため、一八才でその遺産を相続してライン宮中伯になった。さらに一七七七年にバイエルン系ヴィッテルスバッハ家のマクシミーリアーン三世ヨーゼフが子供を残さずに死亡して同家が断絶したので、その遺領も受け継いだ。ただし第一章で述べたように皇帝選挙権は一票しか認められなかった。ライン宮中伯はライン川とネッカル川の合流点にあるマンハイムを居城にしていたが、一七七七年にバイエルン選帝侯領を相続したあとミュンヘンに居を移した。一七九〇年には六六才であった。

ザクセン公フリードリヒ・アウグスト三世はザクセン公とポーランド王を兼ねていたフリー

ドリヒ・アウグスト二世の孫である。一七六三年に祖父が死亡し、父親のフリードリヒ・クリスティアンが即位したが、その年のうちに父親も天然痘で死亡したため、一三才でザクセン選帝侯領を受け継いだ。最初おじのフランツ・クサーヴァーの後見を受けたが、一七六八年に自立し、統治を始めた。なお祖父の死後ポーランド王国はヴェッティーン家から王を選ばなかったので、ポーランド王にはなれなかった。ザクセン公はエルベ河畔のドレースデンを居城にしていた。一七九〇年にはフリードリヒ・アウグスト三世は四〇才であった。

なおフリードリヒ・アウグスト三世の母親はヴィッテルスバッハ家出身の皇帝カール七世（一七四二～四五）の娘で、バイエルン選帝侯マクシミーリアーン三世ヨーゼフや皇帝ヨーゼフ二世と再婚したマリーア・ヨゼファの姉に当たる。またフリードリヒ・アウグスト三世の弟アントーンは皇帝候補者レーオポルトの娘と結婚していた。さらにすでに述べたように、おじのアルベールはハープスブルク家の兄弟の姉と結婚しており、ハープスブルク家とヴェッティーン家のあいだには非常に複雑な姻戚関係があった。

ブランデンブルク辺境伯フリードリヒ・ヴィルヘルム二世は、プロイセンをドイツの第二の大国にしたプロイセン王フリードリヒ二世の甥である。フリードリヒ二世には子供がなかったので、甥のフリードリヒ・ヴィルヘルムが後継者になり、一七八六年にフリードリヒ二世が死亡すると、その遺領を受け継いだ。

ブランデンブルク辺境伯は一六一八年にプロイセン公国を統治していた親類の家系が断絶したため、プロイセン公国を手に入れた。その後一七〇〇年にフリードリヒ一世がスペイン継承戦争（一七〇一～一四）でオーストリアに協力する約束をして、その見返りに皇帝レーオポルト一世からプロイセン公国の部分について王の称号を帯びることを許可され、翌年ケーニヒスベルクで戴冠式を挙行してプロイセン王になった。これ以降、ブランデンブルク辺境伯は一般的にはプロイセン王、その国家はプロイセンと表示される。プロイセン王を名乗るようになったあとも、辺境伯領の中心地ベルリンが王の居城であった。一七九〇年にはフリードリヒ・ヴィルヘルム二世は四六才であった。

ブラウンシュヴァイク・リューネブルク公ゲオルク三世とはイギリス王ジョージ三世のことである。一六九二年に皇帝レーオポルト一世は政治的・軍事的な協力の見返りにブラウンシュヴァイク・リューネブルク公エルンスト・アウグストに九番目の選帝侯の地位を与えた。選帝侯になったあと、ブラウンシュヴァイク・リューネブルク公は居城にしていたハノーファーの名前から「ハノーファー選帝侯」と呼ばれることが多くなった。

一七一四年にイギリス女王アンが死亡してスチュアート王朝が断絶したあと、エルンスト・アウグストの息子のゲオルク・ルートヴィヒがイギリス王位を継承してロンドンに移住し、ハノーヴァー王朝を開いた。ゲオルク・ルートヴィヒはイギリスではジョージ一世と呼ばれる。

ゲオルク・ルートヴィヒは母親のゾフィーを介してスチュアート家と血縁関係にあった。ゾフィーは三〇年戦争で選帝侯の地位を失ったライン宮中伯フリードリヒ五世とイギリス王ジェイムズ一世の娘の子供で、ジェイムズ一世の孫に当たる。

ジョージ三世はハノーヴァー王朝の開祖ジョージ一世の曾孫で、王朝最初のイギリス生まれの王であった。一七六〇年に祖父ジョージ二世の跡を継いでイギリス王兼ハノーファー選帝侯になった。頻繁に出身地に戻った曾祖父のジョージ一世や祖父のジョージ二世とは異なって、ジョージ三世は生涯に一度もハノーファー選帝侯領を訪問しなかった。一七一四年に君主がロンドンに移住したあとも、ハノーファー選帝侯領の政府は維持されていた。一七九〇年にはジョージ三世は五二才であった。

これら八人の選帝侯のうち、一七九〇年の選挙と戴冠式のために実際にフランクフルトにやって来たのは三人の聖職者の選帝侯のみであった。聖職者の選帝侯は世俗的な領土が小規模で、帝国への依存度が強く、また神の加護の仲介役という重要な役目もあったために、最後まで選挙や戴冠式に自ら出席した。

一方、俗人の選帝侯は大規模な領邦国家をもち、帝国からの自立志向を強めていたので、次第に戴冠式やその後の行事で皇帝に奉仕している姿を周囲に見られることを忌避するようになった。このため、一七一一年の皇帝カール六世の選挙と戴冠式にライン宮中伯ヨハン・ヴィルヘルムが自ら出席したのを最後に、俗人の選帝侯は儀式に参加しなくなった。また将来の皇帝であるボヘミア王の場合には、選挙で他の選帝侯と同列になるのを避けて選挙に出なくなっていた。一三五六年の「金印勅書」は選帝侯が代理の選挙大使を送ることを認めていたので、儀式への欠席は選帝侯の権利の喪失にはつながらなかった。

帝国からはみ出す選挙権

ところで国民国家という考え方を前提にすれば、イギリス王が神聖ローマ帝国の選帝侯を兼ねていて、皇帝の選挙権をもっているというのは奇妙な話であるが、一八世紀以前のヨーロッパではこうした事態は珍しいことではなかった。この時代には王朝とその統治下にある国家のあいだにエスニックなつながりを求めるというような発想はなく、国家やそれに付随する利権は王朝の世襲財産と見なされていて、ひとつの王朝が言語的・文化的な枠を超えて多数の国家を集積していることは普通のことであった。

オーストリアの他にボヘミア王国、ハンガリー王国、ネーデルラント南部、ミラノ公国などを領有していたハープスブルク王朝は多数の国家を統治する王朝の典型的な例である。ブランデンブルク辺境伯がプロイセン王を兼ねていたり、ザクセン公が一時期ポーランド王を兼ねていたりしたのもひとつの王朝が複数の国家を統治していた例である。王朝の重心が帝国内にあったので、イギリスほどの奇妙さはないが、これらの例の場合にも形のうえではハンガリー王、プロイセン王、ポーランド王という外国の君主が皇帝や選帝侯を兼ねていたことになる。なお選帝侯として皇帝選挙にかかわっていたわけではないが、デンマーク王やスウェーデン王もそれぞれ神聖ローマ帝国内にホルシュタイン、フォーアポメルンなどの領邦をもっていて、帝国諸侯として帝国議会において投票権を行使していた。

3. マインツ大司教の選挙告知

選挙日程の通告

皇帝の選挙は上に述べた八人の選帝侯（あるいはその代理の選挙大使）によって行われたが、選挙の準備を指揮し、選挙を実行させる責任を負っていたのは「帝国大書記官」の地位に就いていたマインツ大司教であった。一三五六年の「金印勅書」の規定によれば、マインツ大司教は皇帝が死亡したという知らせが届いてから一か月以内に、「金印勅書」に定められた書式にしたがって書かれた公開書簡によって他の選帝侯に皇帝の死を知らせ、次の皇帝の選挙を行う日取りを通告しなければならなかった。また選挙はマインツ大司教の通告から三か月以内に始めなければならなかった。

ヨーゼフ二世崩御の知らせを受けると、マインツ大司教フリードリヒ・カール・ヨーゼフはこの「金印勅書」の規定にしたがって、他の選帝侯の宮廷に政府の高官を派遣するなどして、選挙を七月一日に始めることを知らせる公開書簡を届けた。この書簡は公示された。ただし近世になって事情が変わったため、マインツ大司教の行動には一三五六年の「金印勅書」の規定からはずれているところもあった。

マインツ大司教は七月一日に選挙を始めることを通知したが、この日に実際に始まるのは選挙大使による選挙会議であった。一五一九年にカール五世と選帝侯のあいだで最初の「選挙協約」が結ばれて以来、「選挙協約」の締結が慣例化した。その後「選挙協約」の内容を議論するうえで次第に帝国の在り方に関するさまざまな取り決めについての専門的な知識が必要とされるようになった。このため、一七世紀に入ると、選帝侯による選挙会議はこうした知識をもった選挙大使の会議に変化した。これにともなって、マインツ大司教が通告する選挙の開始は選挙大使の会議の始まりを意味することになったのである。選帝侯本人は選挙会議の開始よりもかなり遅れてフランクフルトに入城した。

マインツ大司教フリードリヒ・カール・ヨーゼフは他の選帝侯に選挙開始の日を通知したあと、選挙と戴冠式が行われるフランクフルトとも連絡をとった。大司教は三月一日にフランクフルトの参事会に文書を送り、そのなかで選帝侯に対して七月一日に選挙のためフランクフルトに集合するよう求めたことを知らせ、選帝侯あるいはその代理の選挙大使とその供回りのために宿舎を用意すること、食糧や飼葉を十分に確保して、物価の高騰を抑えることを要請した。

これに応じて、フランクフルトの参事会は住民に食糧や飼葉の備蓄を促すとともに、近隣の領邦国家の政府にも食糧と飼葉の供給について協力を求める文書を送った。また参事会は三月一六日に、第一部会の参事会員（参審員）一四人全員と第二部会の参事会員（ゼナートル）三人からなる選挙と戴冠式の準備をするための委員会を立ち上げ、宿営の問題を担当する委員として参審員のヨハン・ヨースト・テクストルとゼナートルのヴィルヘルム・モールスを選んだ。同じ日に参事会は市の守備隊（市が雇用する傭兵部隊）の兵士の数を一〇〇〇人に増員することも決定した。なお宿営担当委員に選ばれた参審員のテクストルは、一七四七年から七一年までフランクフルトの名目上の長官シュルトハイスを務めたヨハン・ヴォルフガング・テクストルの息子で、ゲーテの母方のおじに当たる。

選挙をめぐる外交交渉

マインツ大司教を中心にした皇帝選挙を実施するための公式の動きとは別に、ヨーゼフ二世が死去するとすぐに、選帝侯のあいだで次の皇帝をだれにするかという外交上の話し合いが始まった。現実的にはヨーゼフ二世の死後ハープスブルク家の世襲領土を相続した弟のレーオポルト以外に候補者はいなかったのであるが、実はレーオポルトは相続直後には内政・外交上かなり苦しい立場に立っていた。

ヨーゼフ二世死去(二月二〇日)の知らせを受けたレーオポルトは三月一日にそれまで暮らしていたトスカーナ大公国の首都フィレンツェを離れ、一二日にウィーンに戻って来て、ハープスブルク家の世襲領土の統治を始めた。一七八〇年に母親のマリーア・テレージアが死亡したあとヨーゼフ二世が進めた急進的な啓蒙主義的改革に反発してネーデルラント南部で反乱が起こり、ハンガリーでも反乱の兆しが現れるなど、当時ハープスブルク家の領土は混乱に陥っていた。プロイセンはこのハープスブルク家の窮状を利用して勢力を拡大することを狙っており、さらにロシアとハープスブルク家が行っていたオスマン帝国との戦争(第二次露土戦争)にもオスマン帝国側と同盟を結んで参戦する動きを見せたので、プロイセンとの戦争の危機も迫っていた。

プロイセンとの軍事衝突を避けたいレーオポルトは和解の道を探り、六月二六日からシュレージエンの小都市ライヘンバッハにおいて外交交渉に入った。和解協議ではハープスブルク家側がバルカン半島の占領地を放棄するなどの大幅な譲歩を行い、その結果七月二七日にライヘンバッハ協定が結ばれた。これによってレーオポルトは国内の混乱を収拾するための行動の自由を確保した。またこれによって選挙と戴冠の展望も開けてきた。

ヨーゼフ二世の死後、マインツ、ハノーファー、ザクセンはいち早くレーオポルト以外は皇帝候補者として問題にならないことを確認し合っていた。弟のケルン大司教マクシミーリアーン・フランツは最初からレーオポルトを支持していたし、ボヘミア票はレーオポルト自身がもっていた。これでレーオポルトの支持票は過半数の五票になった。しかしプロイセンがハープスブルク家に対する戦争を始めれば、オーストリア継承戦争（一七四〇〜四八）の混乱の中でバイエルン系ヴィッテルスバッハ家のカール七世が皇帝に選ばれたときのような不測の事態が起きる可能性もあった。

選帝侯の代理を務める選挙大使による選挙会議は七月一日に始まることになっていたので、六月下旬にはすでにフランクフルトに選挙大使が集まっていた。しかしマインツ大司教フリードリヒ・カール・ヨーゼフは、ライヘンバッハにおいてハープスブルク家とプロイセンの和解交渉が始まったのを見て、様子を窺うため、交渉が終わるまで選挙会議を延期することを決定した。

交渉の結果七月二七日にライヘンバッハ協定が結ばれ、ブランデンブルク辺境伯フリードリヒ・ヴィルヘルム二世は選挙でレーオポルトを支持することを約束した。こうしてレーオポルトが皇帝に選出されることが確実になり、およそ一か月遅れて選挙会議が開かれることになった。選挙会議中にも「選挙協約」の内容をめぐってなお外交的な駆け引きが続けられたが、レーオポルトが皇帝に選出されることにはもはや変わりはなかった。

第四章　選挙関係者の集合

1. フランクフルトでの宿舎設営

帝国宿営長来たる

七月二七日のライヘンバッハ協定によってハープスブルク家とプロイセンのあいだの和解が成立したあと、フランクフルトではすぐに、それまで延期されていた選挙会議を開くための準備が始まった。

フランクフルトには当初の予定に合わせて、それより二か月半も前の五月半ばにすでに儀式の関係者が集まり始めた。五月一五日には、選帝侯あるいは選帝侯の代理を務める選挙大使とその供回りの宿舎の手配をするために、最初の帝国の役職者として帝国宿営長のフリードリヒ・シュネッターがやって来た。

帝国宿営長シュネッターは実は帝国の専任の役人ではなく、普段は官僚（書記局長官）として帝国世襲マルシャルのフリードリヒ・フェルディナント・ツー・パッペンハイム伯爵に仕えていた。パッペンハイム家はフランケンの貴族で、一二世紀はじめから帝国世襲マルシャルの地位を保持していた。もともとは帝国騎士の身分であったが、一八世紀半ばに一族全体が帝国伯爵に昇格した。

選挙と戴冠の際に選帝侯のために宿舎を確保することは帝国大マルシャルの官職を帯びていたザクセン公フリードリヒ・アウグスト三世の職務であり、帝国世襲マルシャルのパッペンハイム伯爵はその職務を代行する立場にいた。帝国宿営長シュネッターにはフリードリヒ・アウグスト三世とパッペンハイム伯爵の双方から信任状が与えられていた。

シュネッターはこの二通の信任状をフランクフルトの第一市長ラウターバッハに渡して、二人の宿営担当委員テクストルとモールスとともに宿舎を指定する仕事に取りかかった。もっともよそからやって来たシュネッターにフランクフルトの住宅事情についての知識があるはずはなく、宿舎を決定する際の主導権は市内の状況を知る宿営担当委員の方にあった。

選挙と戴冠の期間には、選帝侯や選帝侯の代理の選挙大使が家族や多数の供回りを連れてフランクフルトに乗り込んできた。例えばマインツ大司教フリードリヒ・カール・ヨーゼフは一七九〇年の選挙と戴冠に総勢およそ八〇〇人を連れて来た。フランクフルトはこうした儀式の関係者全員に宿泊場所を提供しなければならず、一般の民家の部屋に人数を割り当ててそこに強制的に宿泊させる以外に場所を確保する方法はなかった。ただし強制的といっても無料というわけではなく、公定の宿泊料は支払われた。

帝国宿営長と宿営担当委員はまず選帝侯の数に合わせて市の領域を八つに区分して、それぞれの選帝侯に割り当て、その区画のなかで選帝侯本人や選挙大使、その供回りを泊まらせる個々の家屋を指定していった。それぞれの選帝侯にはおおむね前回と同じ区画が割り当てられた。選帝侯が家屋の所有者との個別交渉などによって宿舎を確保している場合は、その点も考慮された。

選帝侯本人や選挙大使が家族とともに宿泊することになった家屋には、帝国警吏とその部下によって選帝侯の紋章を描いた大きな木の板が、一方、供回りの宿舎に指定された家屋には選帝侯の紋章を描いた小さいブリキの板が取りつけられた。なお帝国警吏も帝国の専任の役人というわけではなく、帝国宿営長シュネッターと同じように、普段は帝国世襲マルシャルのパッペンハイム伯爵のもとで働いていた。

宿舎の配分

一七九〇年には選帝侯本人、選挙大使、その供回りの宿舎は次のように配分された。

マインツ大司教フリードリヒ・カール・ヨーゼフは一七三〇年代に作られた新市街のトゥルン・

ウント・タクシス侯爵の宮殿を宿舎とした。先に述べたように、トゥルン・ウント・タクシス侯爵はこの宮殿で一〇年ほど暮らしていたが、一七四八年に帝国議会における皇帝の代理人「筆頭代行者」を務めるためにレーゲンスブルクに移住したので、その後宮殿は空き家になっていた。

マインツの選挙大使はこれとは別に、旧市街の東の端にあるドミニコ派修道院の南側の、マインツ大司教区が所有する「コンポステルホーフ」と呼ばれる建物を宿舎とし、供回りはその周辺のクロースターガッセ、プレーディガーガッセ、ファールガッセに分宿した。「コンポステルホーフ」という名前は、この建物がスペイン北西部のサンティアゴ・デ・コンポステーラの聖ヤコブの墓所を訪れる巡礼者のための宿泊所として利用されていたことに由来している。

トリーア大司教クレーメンス・ヴェンツェスラウスは大聖堂の北側の、トリーア大司教区が一四世紀末に取得した「ゴルデナー・エンゲル」と呼ばれる家屋を宿舎とし、供回りはその周辺のシュヌールガッセ、テンゲスガッセ、ハーゼンガッセの家屋に泊まった。

ケルン大司教マクシミーリアーン・フランツはドイツ騎士団の総長を兼務していたので、旧市街とザクセンハウゼンを結ぶ石造りの橋の南詰めにあるドイツ騎士団の館を宿舎とし、供回りは隣接する「フランケンシュタイナーホーフ」を宿舎とした。

ボヘミア王の選挙大使は旧市街の北寄りにある広場リープフラウエンベルクの西側の「ブラウンフェルスの家」を宿舎とし、供回りはその周辺のノイエ・クレーメとザントガッセの家屋に分宿した。「ブラウンフェルスの家」は「都市貴族」の社交クラブ「フラウエンシュタイン」が所有していた。この建物には一九世紀半ばまでフランクフルトの証券取引所があった。

しかし皇帝候補者レーオポルトとその家族は「ブラウンフェルスの家」を使わず、新市街の大通りツァイルの西の端に連なる広場ロスマルクトの南側の「クローンシュテッテン基金」の屋敷を大改装してそこに宿泊した。「クローンシュテッテン基金」の屋敷は、もとは「都市貴族」のクローンシュテッテン家の住まいであったが、一七六六年に同家が途絶えたあと、同家の遺産で運営される「都市貴族」の女性のための養老院になっていた。

バイエルン公兼ライン宮中伯の選挙大使は新市街の大通りツァイルの南側に一八世紀はじめに建てられた「バルクハウゼンの家」を宿舎とし、供回りは旧市街の西と南のグローサー・ヒルシュグラーベン、アルテ・マインツァーガッセ、ザールガッセに分宿した。「バルクハウゼンの家」は、オーストリア継承戦争（一七四〇〜四八）の最中に神聖ローマ皇帝に選出されたバイエルン系ヴィッテルスバッハ家のカール七世が、本拠地のバイエルンをオーストリア軍に占領されたためフランクフルトに滞在していた時期に使用していた建物である。

ザクセン公の関係者は旧市街の西寄りのカルメル派修道院、およびその周辺のコルンマルクトとブーフガッセの家屋を割り当てられた。ブランデンブルク辺境伯の関係者は中央広場レーマーベルクの南側の「ザールホーフ」を利用した。ハノーファー選帝侯の関係者はホイマルクトの「中央哨舎」の周辺と、その近くのシュタインヴェーク、クライナー・ヒルシュグラーベンの家屋を宿舎とした。

宿泊先が決まると、五月下旬には、指定された家屋の調度などを整えるために、選帝侯がそれぞれの設営係をフランクフルトに派遣してきた。五月二一日にまずトリーア大司教の設営係がやって来て、信任状を第一市長のラウターバッハに手渡した。それに続いてバイエルン公兼ライン宮中伯、ケルン大司教、ボヘミア王、ハノーファー選帝侯の設営係も到着した。

指定された家屋がそれぞれの選帝侯の設営係によって宿舎として整備されたあと、それぞれの選帝侯の選挙大使が家族や供回りとともに順次フランクフルトにやって来た。選挙大使が第一市長のラウターバッハに到着を知らせると、選挙大使に対して市の守備隊の部隊による栄誉礼が行われた。そのあと、参事会の代表が参審員、法律顧問官、ゼナートルという組み合わせで三人ずつ組になって担当する選挙大使の宿舎を訪れ、歓迎の言葉を述べて、慣例にしたがってカラスムギと樽入りのワインを贈った。

こうして準備は整ったが、選挙会議はすぐには始まらなかった。すでに述べたように、ヨーゼフ二世の時代から続く、プロイセンがハープスブルク家に戦争を仕かけそうな状況のなかで、ハープスブルク家の世襲領土を相続したレーオポルトがプロイセンとの和解を模索し始めたため、マインツ大司教が七月一日開始と通告していた選挙会議の開催を和解協議の結論が出るまで延期したのである。

2. 選挙大使の選挙会議

予備会議の開催

七月二七日にハープスブルク家とプロイセンのあいだでライヘンバッハ協定が締結されると、翌日すぐに、選挙会議を始めるための第一回予備会議が開かれた。予備会議は先例にしたがって旧市街の東の端の、マインツ大司教の選挙大使の宿舎になっていた「コンポステルホーフ」において行われた。選挙大使のみが円卓に座って議論し、マインツの選挙大使が議長を務めた。第一回予備会議では選挙大使の顔合わせが行われた。それぞれの選帝侯のもとから次のような人物が選挙大使としてフランクフルトに来ていた。

マインツ

第一大使　聖堂参事会会長ゲオルク・フォン・フェッヒェンバッハ男爵
第二大使　国務協議会大臣クレーメンス・フォン・ヴェストファーレン男爵

第三大使　宮廷書記局長官フィリップ・フォン・デールスブルク男爵
第四大使　国務顧問官ヨハン・フォン・レラー

トリーア
第一大使　聖堂参事会主席フィリップ・フォン・ヴァルデルンドルフ伯爵
第二大使　国務協議会大臣フェルディナント・フォン・デュミニク男爵
第三大使　宮廷書記局長官ヨハン・ヒューゲル

ケルン
第一大使　聖堂参事会主席フランツ・フォン・エッティンゲン伯爵
第二大使　第一国務協議会大臣ヨハン・フォン・ヴァルデンフェルス男爵

ボヘミア
第一大使　オルミュッツ大司教アントーン・フォン・コロレード・ヴァルトゼー伯爵
第二大使　トリーア選帝侯領等担当大使フランツ・フォン・メッテルニヒ伯爵
第三大使　前「帝国宮廷顧問会議」顧問官ヨーゼフ・フォン・バルテンシュタイン男爵

バイエルン・プファルツ

第一大使　国務協議会大臣フランツ・フォン・オーベルンドルフ伯爵

第二大使　国務顧問官フリードリヒ・フォン・ヘルトリング

ザクセン

第一大使　協議会大臣アードルフ・フォン・シェーンベルク伯爵

第二大使　協議会大臣アンドレーアス・フォン・リオクール伯爵

第三大使　協議会大臣オットー・フォン・レーベン

ブランデンブルク

第一大使　国務大臣カール・フォン・デア・オステン・ザッケン侯爵

第二大使　帝国議会大使ヨハン・フォン・シュリッツ・ゲルツ伯爵

ハノーファー

第一大使　国務大臣ルートヴィヒ・フォン・ボイルヴィッツ男爵

第二大使　帝国議会大使ディートリヒ・フォン・オムプテダ

ただしマインツの第二選挙大使ヴェストファーレン男爵、ケルンの第一選挙大使エッティンゲン伯爵、ハノーファーの第一選挙大使ボイルヴィッツ男爵の三人は、予備会議の開始日にはまだフランクフルトに姿を現しておらず、その後遅れて到着した。またマインツの第四選挙大使レラーは選挙会議の途中で病死した。

肩書からわかるように、それぞれの選帝侯のもとから第一選挙大使としては高位聖職者や国務大臣がやって来た。第一選挙大使は選帝侯の代役として儀式や行列に参加するので、それなりの身分や格式が必要であった。第二選挙大使や第三選挙大使が選挙会議における実際の交渉担当者で、帝国の在り方に関する知識をもった者が来ていた。

帝国議会大使という肩書が現れたので、ここで帝国議会について説明しておこう。帝国議会は選帝侯、帝国諸侯、帝国都市の三つの部会によって構成される帝国の身分制議会で、皇帝の主催する宮廷会議を母体にして一五世紀末に成立した。その後次第に権限を拡大し、ウェストファリア条約が締結された一六四八年以降は、宣戦や講和といった主権にかかわる問題を含む多くの問題で皇帝の決定権を制限するようになった。

もともと帝国議会は皇帝側の要請によって開催場所を変えながら不定期的に開かれていたが、内部対立によって閉会手続きが取れなくなったので、一六六三年からは帝国都市レーゲンスブルクにおいて常時開催されている状態になった（「永続帝国議会」）。これにともなって帝国議会は選帝侯、帝国諸侯、帝国都市が派遣する外交使節の会議に変化した。「帝国議会大使」というのはこの外交使節のことである。また皇帝もそれまでのように帝国議会に臨席することをやめ、「筆頭代行者」と呼ばれる代理人を派遣するようになった。

選挙大使の略歴

選挙大使については一部の人物の略歴を紹介しておこう。

マインツの第一選挙大使フェヒェンバッハ男爵はフランケンの帝国騎士の家系の出身。ヴュルツブルクの聖堂参事会員も兼務していて、一七九五年にはヴュルツブルク司教に選出された。ヴュルツブルク司教は帝国諸侯のひとりである。なおフェヒェンバッハ男爵が就任していた聖堂参事会の会長というのは主席に次ぐ序列第二位の地位になる。ただし聖堂参事会の実際の指揮権は主席ではなく会長にあった。

マインツの第二選挙大使ヴェストファーレン男爵(一七九二年に伯爵に昇格)はヴェストファーレンの貴族で、北西ドイツの領邦で多くの官職についたあと、マインツの大臣になった。のちにオーストリアに移籍して、トリーア選帝侯領等担当大使を務めた。一八〇五年になるとヴェストファーレン伯爵はヘッセンにあるフリートベルク帝国城塞の責任者「城塞伯」に選出されて、帝国直属の身分になった。フリートベルク城塞は最後まで帝国直属の地位を守った唯一の城塞で、城塞家臣の組合の管理下にあった。

トリーアの第一選挙大使ヴァルデルンドルフ伯爵はライン地方の貴族で、おじは先代のトリーア大司教であった。シュパイアーの聖堂参事会員を兼ねていて、一七九七年にシュパイアー司教に選出された。シュパイアー司教も帝国諸侯のひとりである。

第三選挙大使のヒューゲル（一七九一年に男爵に昇格）はトリーア選帝侯領出身の官僚。一七九三年に大臣のデュミニク男爵と対立してオーストリアに移籍し、一七九四年には帝国議会における皇帝の代理人「筆頭代行者」のトゥルン・ウント・タクシス侯爵を補佐する「副代行者」に就任した。

ボヘミアの第二選挙大使メッテルニヒ伯爵もライン地方の貴族で、一七七三年までトリーア大司教のオーストリア駐在大使を務めていた。その後オーストリアに移籍して、トリーア選帝侯領等担当大使になり、一七九一年には自ら望んでネーデルラント駐在全権大使に転じた。しかしフランスによってライン左岸が占領されたため一七九四年にウィーンに移住した。のちの宰相メッテルニヒ侯爵はメッテルニヒ伯爵の息子である。メッテルニヒ侯爵は、マリーア・テレージアの宰相として有名なヴェンツェル・フォン・カウニッツ侯爵の息子で宮廷マルシャルを務めていたカウニッツ伯爵の娘と一七九五年に結婚し有力者との結びつきを手に入れた。

ボヘミアの第三選挙大使バルテンシュタイン男爵が勤務していた「帝国宮廷顧問会議」は「帝

室裁判所」と並ぶ帝国裁判所で、皇帝の助言機関・補佐機関も兼ねていた。皇帝と一体のものと見なされ、皇帝が死亡するたびにいったん閉鎖された。ヨーゼフ二世の死によって「帝国宮廷顧問会議」が閉鎖されていたため、男爵の肩書は前職になっている。男爵は皇帝カール六世と娘のマリーア・テレージアに仕えて長いあいだオーストリアの外交を動かしていた、ヨハン・フォン・バルテンシュタイン男爵の息子である。バルテンシュタインはカール六世によって貴族に取り立てられ、男爵の爵位を授与された。

バイエルン・プファルツの第一選挙大使オーベルンドルフ伯爵はプファルツ・ノイブルクの貴族で、プファルツ選帝侯カール・テーオドーアに長いあいだ大臣として仕えていて、選帝侯の信頼が非常に厚かった。カール・テーオドーアがバイエルン選帝侯領を相続してマンハイムからミュンヘンに移住した一七七八年以降は、実質的な総督としてカール・テーオドーアのもとの領土プファルツ選帝侯領を管理していた。

ザクセンの第二選挙大使リオクール伯爵はロートリンゲン出身の家系で、父親の代に貴族になった。一七四八年からザクセンの外交官としてプファルツの首都マンハイムに駐在していて、選帝侯カール・テーオドーアの信頼を得てマンハイム駐在の外交団の中心になっていた。伯爵はマンハイムに館を構え、多くの絵画を収集していた。一七七八年にカール・テーオドーアとともにミュンヘンに移り、バイエルン駐在大使になった。

ブランデンブルクの第二選挙大使シュリッツ・ゲルツ伯爵はニーダーザクセンの貴族で、長らくザクセン・ヴァイマル・アイゼナッハ公カール・アウグストの教育係を務めていた。しかし一七七六年以降ゲーテがカール・アウグストに仕え、重用されるようになったため、一七七九年にプロイセンの外交官に転じ、一七八八年以降帝国議会大使の職にあった。

「選挙会議室」への集合

七月二八日に開かれた第一回の予備会議に続いて、七月三一日に第二回、八月九日に第三回の予備会議が開かれた。これらの会議では八月一一日と八月一三日に選挙会議の本会議を行うことが決定され、その際に会場となるフランクフルトの市庁舎の玄関にどのように馬車を乗りつけるかなどについても取り決めがなされた。また教皇大使の取り扱い、関係者への賭博の禁止の徹底などについても協議された。

選挙会議の本会議の開催については、事前にマインツの選挙大使からフランクフルトの第一市長ラウターバッハへ連絡が行われた。また前日の八月一〇日にはマインツの選挙大使から帝国世襲マルシャルのパッペンハイム伯爵のもとへ、それぞれの選挙大使に翌日の選挙会議開催を通知するよう求める文書が届けられ、それぞれの第一選挙大使のもとへは、翌日の議事題目を記した文書が届けられた。

レーマーベルクと市庁舎（右手）を北側から見る

第一回選挙会議の当日（八月一一日）には、軍楽を演奏して選挙大使を迎えるため、市庁舎の玄関前に設置された仮設の哨所に、市の守備隊の兵隊が配置された。午前九時になると市庁舎での案内を担当する四人の参事会の代表、参審員のマルクス・クラウディ、ヨハン・ボン、ゼナートルのヨハン・ルター、ヨハン・アンドレーエが参事会用の正装をして市庁舎に到着し、二階の控室に入った。市庁舎の玄関から二階に通じる「皇帝階段」と呼ばれる階段まで市の召使、それぞれの参事会員の召使などが並んで列を作った。

それからしばらくして、帝国世襲マルシャルのパッペンハイム伯爵の一行が供回りを先行させ、三台の六頭立ての馬車を連ねて宿舎から市庁舎にやって来た。ヨーロッパの行列では身分の低い者が先に行進することはすでに述べた。参事会から「選挙会議室」の扉番に指名された市の事務係が玄関で伯爵を出迎え、二階では市庁舎での案内を担当する参事会の代表が「皇帝階段」まで伯爵を迎えに出て、控室に案内した。

午前一〇時にはマインツの選挙大使が供回りを先行させ、四台の六頭立ての馬車に乗って市庁舎に到着した。その後午前一一時までにその他の選挙大使も供回りとともに六頭立ての馬車で市庁舎にやって来た。市庁舎での案内を担当する参事会の代表が、参審員とゼナートルという組み合わせで二人ずつ組になって、順次到着する選挙大使を玄関で出迎え、二階にある「選挙会議室」まで案内した。このとき、帝国宿営長のシュネッターが「皇帝階段」の下で、帝国世襲マルシャルのパッペンハイム伯爵が「皇帝階段」の上で選挙大使に挨拶した。

ここで選挙に関連する市庁舎内の部屋を説明しておこう。フランクフルトの市庁舎はもともと大聖堂の西隣にあったが、一四〇八年に大聖堂の塔を建て替える用地を提供するためレーマーベルクの西側にある二軒の木組み造りの家屋に移転した。レーマーベルクに面した家屋には「レーマー」、その北西に隣接する家屋には「ゴルデナー・シュヴァーン」という名前がついていた。市庁舎はその後さらに周囲の木組み造りの家屋を取り込んで七軒の家からなる非常に複雑な建物になったが、それらを取り壊してひとつにまとめることは行われなかった。しかし建物の内部には手が加えられて、「レーマー」の一階はすべて玄関ホールに、二階はすべて戴冠式宴会などを行う「戴冠式宴会室」に模様替えされていた。

選挙会議などを行う「選挙会議室」は「レーマー」の北西に隣接する「ゴルデナー・シュヴァーン」の二階の南半分に設けられていた。「選挙会議室」の北側には丸天井広間、その北側には選帝侯の控室などとして使われる三つの部屋があった。一七四一年に「レーマー」の一階の玄関ホールから「ゴルデナー・シュヴァーン」の二階にあがるための階段室が設置された。階段室への出入口は玄関ホールの北西の隅にあり、階段室の中には「皇帝階段」と呼ばれる階段が設けられていた。市庁舎にやって来た選挙大使たちは玄関ホールを通り抜けて階段室に入り、「皇帝階段」をのぼって「選挙会議室」の北側の丸天井広間に出て、そこから南側の「選挙会議室」に入った。

選挙会議の様子

「選挙会議室」の内部は次のようになっていた。南側には四つ窓があり、その前に二段の壇が置かれ、その上の天井には天蓋が吊るされていた。壇の上には選帝侯が座る肘掛けつきの椅子が置かれており、席順は南面して左からブランデンブルク、バイエルン・プァルツ、ボヘミア、マインツ、トリーア、ケルン、ザクセン、ハノーファーとなった。

これはもともとは皇帝が中央に座り、左右（右手が上位）に選帝侯が居並ぶ形なのであるが、中央の皇帝の席が欠けている場合には、皇帝の右手のマインツの席が第一位、ボヘミアの席が第四位、バイエルン・プファルツの席が第五位、ブランデンブルクの席が第七位、皇帝の左手のトリーアの席が第二位、ケルンの席が第三位、ザクセンの席が第六位、ハノーファーの席が第八位という序列になった。トリーアとケルンは会議ごとに入れ替わって第二位の席につくことになっていた。

壇の北側には「投票者テーブル」と呼ばれる長いテーブルが置かれ、深紅のビロードの覆いがかけられていた。テーブルの北側には選挙大使が座る肘掛のない椅子が置かれ、そのうしろにも選挙大使用の椅子が並べられていた。選挙大使の椅子の席順は選帝侯の椅子の席順とは異なって、南面して左からマインツ、トリーア、ケルン、ボヘミア、バイエルン・プファルツ、ザクセン、ブランデンブルク、ハノーファーとなった。「投票者テーブル」の左側にはマインツの秘書官の机と椅子が置かれ、「選挙会議室」の西側の壁ぎわにはその他の選帝侯の秘書官が使う長いテーブルと椅子が置かれていた。秘書官の机とテーブルには赤い布がかけられていた。

専用の椅子が用意されていたものの、俗人の選帝侯はフランクフルトに現れず、実際にやって来た聖職者の選帝侯も選挙会議に出席することはほとんどなかった。このため、選挙会議ではそれぞれの選帝侯の第一選挙大使が選帝侯の椅子に座った。選帝侯の席の第一選挙大使は会議では発言せず、「投票者テーブル」の第二選挙大使や第三選挙大使が意見を述べた。選挙大使が二人だけの場合は第二選挙大使、三人の場合は第三選挙大使が発言した。

マインツの選挙大使が会議の進行役を務め、トリーア、ケルン、ボヘミア、バイエルン・プファルツ、ザクセン、ブランデンブルク、ハノーファーの順に発言を促した。マインツの意見はザクセンの選挙大使が求めた。マインツの選挙大使が議論のまとめを行い、会議の議事録はマインツの秘書官が作成して、別室で他の選帝侯の秘書官と文面を調整した。一八世紀以前のヨーロッパの公式の会議では出席者が自由に発言するのではなく、出席者の席次が決まっていて、席次の順に発言するのが普通であった。帝国議会の部会の審議においてもこの方式が取られていた。ただし選挙会議のための予備会議のような非公式の会合では、円卓などを用いて席次のない形にして自由な議論が行われた。

八月一一日に開かれた第一回の選挙会議ではマインツ大司教の挨拶文の読み上げや他の選帝侯の返礼文の読み上げ、選挙大使の委任状の検討などが行われた。選挙大使は一三五六年の「金印勅書」に定められた書式にしたがって書かれた委任状をもって来ることになっていた。八月一三日の第二回会議では会議の進め方などについて協議が行われ、選挙会議の最も重要な議題である新しい皇帝と締結する「選挙協約」の内容については、前回（一七六四年）のヨーゼフ二世との「選挙協約」を土台にして逐条的に検討することが確認された。その後おおむね週三日の割合で会議が続けられた。会議が開かれる日の選挙大使の市庁舎への出入りはすべて、六頭立ての馬車を使用し供回りとともに行列を作って行われた。

　八月一一日の最初の会議から一〇月一四日の最後の会議まで、選挙会議は合計二四回開かれた。このうち一〇月一四日の最後の会議にのみ三人の大司教が自ら出席した。選挙はすでに九月三〇日に済んでいて、一〇月二日と一〇月一四日の二回の会議は選挙とは別の目的（選帝侯の互助同盟の更新など）で開かれた。

第五章　ローマ王の選挙

1. 選帝侯のフランクフルト入城

フランクフルトの七つの城門

八月一一日に始まった選挙大使による選挙会議が終盤に近づいた九月下旬になって、ようやく三人の聖職者の選帝侯がフランクフルトに入城した。一九世紀はじめまでフランクフルトの市街地は城壁で取り囲まれており、城壁に設けられた城門を通らなければ、市内に入れなかった。

選帝侯のフランクフルトへの入城について述べる前に、フランクフルトの城門とそれらを防御する軍事力について見ておこう。フランクフルトの市街地のまわりには、すでに述べたように、一四世紀に作られた城壁と濠があり、そのすぐ外側に一七世紀に作られた一四基の稜堡（バスティオン）を備えた防壁と濠があった。最も外側の一七世紀の防壁には七つの城門が設けられていた。

新市街の北側には、ガルゲン門(西)、ボッケンハイマー門(北西)、エッシェンハイマー門(北)、フリートベルガー門(北東)、アラーハイリゲン門(東)という五つの城門があり、ザクセンハウゼンの南側には、シャウマイン門(西)、アッフェン門(南)という二つの城門があった。

これらの城門は放置されていたわけではなく、市の守備隊の兵士が配置されて、出入りする者を常時見張っており、夜間には閉じられた。フランクフルトも一八世紀以前のヨーロッパの都市の通例として独自の軍事力を備える権利をもっていたので、自前の兵士を雇っていたのである。

フランクフルトが雇用する兵士は、フランクフルトが所属していた「帝国クライス」、オーバーライン・クライスの「帝国軍」に供出される野戦部隊(歩兵六個ないし七個中隊)に配属される兵士と、市の防衛や警備に当たる守備隊(歩兵三個中隊および砲兵一個中隊)に配属される兵士に分かれていた。一六八一年以降「帝国軍」は帝国クライス(帝国諸侯の地方自治組織)ごとに編成されることになっており、フランクフルトのような帝国都市も自らの軍隊の一部を「帝国軍」に提供していたのである。「帝国軍」に供出された野戦部隊は戦場に出たが、守備隊の方は市の防衛や警備のみを想定した部隊で、集団行動や機械的動作の習熟度が不足していて戦場で交戦する能力が低かった。

ヨーロッパでは一七世紀後半に歩兵の武器が長槍から銃剣のついた火打石発火式(フリント

ロック）の小銃に変化した。しかし小銃の命中精度は低く、歩兵は隊列を組んで一斉射撃を行うことによってこの欠点を補っていた。一般的には歩兵は戦場では三列横隊の隊形をとり、第一列、第二列、第三列と隊列ごとに順次一斉射撃を行い、射撃を終えた列は後方に下がって筒先から新しい火薬と銃弾を装填するという動きを繰り返した。この方式は一九世紀半ばに銃身内に螺旋状の溝をつけた、命中精度の高いライフル銃が普及するまで続いた。

この方式で戦うには兵隊は集団行動や機械的動作を行う必要があり、絶え間ない訓練でそれを身につけているかどうかによって歩兵の戦闘能力に大きな差が出た。このため、あまり訓練を受けていない部隊は野戦では役に立たなかったのである。

傭兵の部隊とともにフランクフルトの軍事力を担っていたのが市民軍である。市民軍は市民（市民権保有者）と居留民（限定的な営業権をもつ住民）によって構成される民兵部隊で、市民と居留民には自前の小銃をもって市民軍に参加する義務があった。一六一四年以降、市民軍は市内に設定された一四の「街区」と呼ばれる区画ごとに編成されていた。

一六一二年から一四年にかけて、フランクフルトでは菓子屋のヴィンツェンツ・フェットミルヒが率いる市当局に対する反乱が起きた。その最中に、暴徒化した住民によってユダヤ人街が襲撃される事件が発生したが、警備に当たる市民軍は動員が遅れて、略奪を防止できなかった。これを教訓に市民軍の動員方法が見直され、一六一四年一〇月に市街地全体に市民軍を動員するための「街区」と呼ばれる新しい一四の区画が設けられたのである。新しい区画は旧市街に八つ、新市街に四つ、ザクセンハウゼンに二つ作られた。

これらの「街区」を単位に市民軍の中隊が組織され、中隊にはそれぞれ三人の将校(中隊長、副隊長、旗手。のちに曹長などを追加)が置かれた。また隣接する一〇軒の家ごとに市民軍の小隊が作られ、小隊には小隊長(のちには「伍長」と呼ばれた)が置かれた。将校や小隊長は、市当局の決定を住民に伝達する行政上の役目も果たした。市民軍の任務としては夜警、整列警備、騒乱への対応、戦時における城門や城壁の防御が想定されていた。市民軍は民兵部隊、すなわち普段は手工業や商業を営んでいる者が必要に応じて召集される部隊であり、守備隊以上に集団行動や機械的動作の訓練が不十分で、戦場に出て戦う能力をほとんどもたなかった。

一七世紀の終わりには、市民軍から市民軍騎馬隊が分離された。市民軍騎馬隊は三個中隊からなっていた。市民軍騎馬隊には軍事的な役割はまったくなく、専ら市を訪れる要人を城門の外で出迎えたり、見送ったりするために儀礼的に利用された。また市民の一部は市民軍砲兵隊(六個中隊)の隊員として勤務し、礼砲の発射などを行った。

入城の儀式

話を選帝侯の入城に戻そう。選帝侯の入城については一三五六年の「金印勅書」に規定があり、選帝侯とともに入城する騎馬の供回りは二〇〇人に、そのうち武装した者は五〇人に制限されていた。ところがこの制限は次第に守られなくなり、以前には選帝侯は大勢の供回りを引き連れ、大規模で豪華な行列を作ってフランクフルトに来ていた。しかし今回は儀礼の簡素化という時代の流れに沿って、マインツ大司教やケルン大司教はかなり質素な入城を行った。

九月二二日の午後二時にマインツ大司教フリードリヒ・カール・ヨーゼフが居城のマインツからフランクフルトの北西の城門ボッケンハイマー門にやって来た。マインツ大司教は六頭立ての馬車に乗り、そのあとに六頭立ての馬車一台、四頭立ての馬車二台が続いた。騎馬の近衛兵がまわりを警固していた。

マインツ大司教の一行がボッケンハイマー門に到着すると、城壁では二五発の礼砲が発射された。フランクフルト側は、騎馬の参事会の代表と市民軍騎兵隊が城門の外で大司教を出迎える手はずを整えていたが、大司教はこの出迎えを断っていた。ボッケンハイマー門からマインツ大司教の宿舎になっていた新市街のトゥルン・ウント・タクシス侯爵の宮殿まで、市民軍と守備隊の部隊が沿道に並んで列を作り、大司教の一行はそのあいだを通って宮殿に入った。宮殿の前では市民軍の部隊が行進と銃の発射を行って大司教を歓迎した。

翌九月二三日には第一市長のラウターバッハ、法律顧問官のヨハン・ボルケ、第二市長のヨハン・ミュールの三人が市の馬車に乗り、四人の騎手、四人の市の召使、個人的な召使に先導されてトゥルン・ウント・タクシス侯爵の宮殿まで出向き、マインツ大司教に挨拶して、贈り物を贈った。夜には大司教の入城を歓迎してマイン川で仕掛け花火、市の東側のクラッパーフェルトでイルミネーションが行われた。仕掛け花火は選挙と戴冠の期間中に機会あるごとに行われ、フランクフルトの守備隊の砲兵中尉ヨハン・シュテラーと皇帝の花火師ピエートロ・ジランドリーニが腕前を競った。

同じ九月二三日にヘッセン・カッセル地方伯ヴィルヘルム九世がほぼ全軍に当たる七二〇〇人もの兵隊を率いてフランクフルトの北東のベルガー・ヴァルテまでやって来た。ベルガー・ヴァルテはヘッセン・カッセルの飛び領土になっていた。ヘッセン・カッセル軍の出動と選帝侯の入城のあいだには公式の関係はなく、フランスにおける革命の進行や、フランクフルトの守備隊と市民軍の軍事的能力の低さを考えてマインツ大司教が特別に呼び寄せたものであった。フランスではすでに一七八九年に革命が始まっていた。フランクフルトの守備隊と市民軍が野戦では役に立たない部隊であったことは先に述べたとおりである。ヘッセン・カッセル軍は選挙と戴冠に関連する一連の行事が終わる一〇月一七日までベルガー・ヴァルテで野営していた。

九月二四日の正午にはトリーア大司教クレーメンス・ヴェンツェスラウスがフランクフルトに入城した。トリーア大司教は妹のエッセン女子大修道院長マリーア・クニグンデとともにトリーア選帝侯領の首都コーブレンツからライン川とマイン川を大型ヨットで遡ってフランクフルトにやって来た。うしろに四隻の船が続いた。ヨットがフランクフルトに近づくと、城壁から二五発の礼砲が発射された。大司教がマイン河港に上陸すると市民軍の部隊の行進が行われた。そのあと大司教は馬車に乗って、供回り、城門の外での送迎を担当する騎馬の参事会の代表、市民軍騎馬隊とともに河港から大聖堂の北側の宿舎「ゴルデナー・エンゲル」まで移動した。

ケルン大司教マクシミーリアーン・フランツは九月二二日に変名でフランクフルトにやって来て、石造りの橋のザクセンハウゼン側のたもとにあるドイツ騎士団の館に入った。義兄のネーデルラント総督、ザクセン・テッシェン公アルベールとともにフランクフルト市内を見て回ったあと、トリーア大司教が入城したのと同じ九月二四日にフランクフルトの第一市長ラウターバッハに到来を告げた。しかし入城の儀式は行わなかった。

フランクフルトの側からは、トリーア大司教のもとへは参審員のヨハン・フォン・ウッフェンバッハ、法律顧問官のカール・ゼーガー、第二市長のミュールの三人が、ケルン大司教のもとへは参審員のアードルフ・フォン・フムブラハト、法律顧問官のヨハン・オッケル、第二市長のミュールの三人が挨拶に出向いて、贈り物を贈った。

トリーア大司教と同じように、ケルン大司教も親類をともなっていた。ネーデルラント南部は、一八世紀はじめのスペイン継承戦争（一七〇一～一四）の結果スペイン領からオーストリア系ハープスブルク家の領土に変わった場所であるが、スペイン時代から総督がこの地を統治していた。一七八九年にヨーゼフ二世の急進的な啓蒙主義的改革に反発してここで反乱が起こり、総督を務めていたザクセン・テッシェン公アルベールと妻のマリー・クリスティーヌがケルン選帝侯領の首都ボンに逃れて来た。ケルン大司教はこの二人をフランクフルトに連れて来たのである。マリー・クリスティーヌは皇帝候補者レーオポルトやケルン大司教の姉、夫のアルベールはトリーア大司教やエッセン女子大修道院長の兄である。

九月二四日にフランクフルトへの来訪を告げたトリーア大司教とケルン大司教は、翌九月二五日にそれぞれ七〇人ほどの供回りを連れ、六頭立ての馬車に乗ってマインツ大司教の宿舎トゥルン・ウント・タクシス侯爵の宮殿へ表敬訪問に出かけた。その後それぞれの選帝侯の選挙大使も三人の大司教のところへ馬車を仕立て、供回りを連れて挨拶に出向いた。

安全保障誓約

一三五六年の「金印勅書」によれば、選帝侯が入城したあと、フランクフルト市は選帝侯と供回りの安全を保障する誓約を行うことになっていた。先に見たように、一七世紀後半以降フランクフルト市の軍事力は武器や戦術の変化によって、「帝国軍」に供出されている野戦部隊以外は本格的な戦闘に対応できなくなっており、フランクフルト市が選帝侯の一行を軍事的に攻撃したり、防護したりできる状況にはなかった。しかし選帝侯の入城にともなう安全保障誓約が「金印勅書」の規定通りに続けられていたのである。

一七九〇年の場合には、三人の聖職者の選帝侯がそろった九月二四日になって、マインツの選挙大使からフランクフルトの参事会に対して安全保障誓約を三日後の九月二七日に、選挙のその三日後の九月三〇日に行うことが伝えられた。これを受けて、翌九月二五日に参事会からフランクフルトの市民に、安全保障誓約の日には午前九時に市庁舎前の広場レーマーベルクに集合するよう命じる布告が出され、トランペット手と太鼓手を繰り出してその内容を広く知らせる措置が取られた。

安全保障誓約はフランクフルトにやって来た選帝侯本人が参加して行われる最初の行事であった。この日は誓約が終わるまでフランクフルトの七つの城門は閉鎖された。午前八時に参事会員全員が正装で市庁舎に集まって参事会が開かれた。その後市庁舎での案内を担当する四人の参事会の代表が、選帝侯や選挙大使を出迎えるために玄関に出た。

これと入れ違いに、ザクセンのスイス人衛兵五〇人が選帝侯を警固するため「レーマー」の二階の「戴冠式宴会室」に入った。スイス人衛兵というのは名前のとおりスイス人からなる傭兵部隊である。スイスは現在では永世中立国になっていて、軍事とは無関係であるかのように思われているが、中世末から近世にかけては傭兵の一大供給地で、ヨーロッパ各地に数多くの兵隊を輸出していた。今でもスイスはローマ教皇庁に警備兵を提供している。

四人の参事会の代表が市庁舎の玄関に出たあと、しばらくして帝国世襲マルシャルのパッペンハイム伯爵が供回りとともに市庁舎にやって来た。続いて選挙大使たちも順次市庁舎に到着して、それぞれ参事会の代表の出迎えを受け、「レーマー」の北西に隣接する「ゴルデナー・シュヴァーン」の二階の「選挙会議室」に案内された。

その後マインツ大司教フリードリヒ・カール・ヨーゼフが市庁舎に到着した。近衛兵とスイス人衛兵五〇数人を含む総勢およそ二〇〇人の供回りが先行し、それに続いて大司教を乗せた六頭立ての馬車がやって来た。参事会の代表が玄関で大司教を出迎え、「ゴルデナー・シュヴァーン」の二階の「選挙会議室」まで案内した。その際マインツの選挙大使は「皇帝階段」の下まで降りて、残りの選挙大使は「皇帝階段」の上で大司教に挨拶した。続いてトリーア大司教クレーメンス・ヴェンツェスラウスとケルン大司教マクシミーリアーン・フランツも供回りとともに行列を作って馬車でやって来て、同じように出迎えを受け、挨拶を受けた。

三人の聖職者の選帝侯と選挙大使が「選挙会議室」に勢ぞろいしたのは午前一一時であった。そのあと一同は「レーマー」の二階の「戴冠式宴会室」に移動した。「戴冠式宴会室」にはレーマーベルクに面した東側に五つ窓があり、その前に壇が置かれ、天井には天蓋が吊るされていた。壇の上には肘掛けつきの椅子が八脚並べられていた。三人の大司教と五人の欠席している俗人の選帝侯の第一選挙大使が「選挙会議室」と同じように東面して左からブランデンブルク、バイエルン・プファルツ、ボヘミア、マインツ、トリーア、ケルン、ザクセン、ハノーファーという席順で壇上の肘掛けつきの椅子に座ると、帝国宿営長のシュネッターによってフランクフルトの参事会員および幹部職員である法律顧問官と参事会書記官が「戴冠式宴会室」に呼び入れられた。

そのあとマインツ大司教の宮廷書記官が、参事会員と幹部職員に対して「金印勅書」にしたがって選帝侯と供回りの安全を保障する誓約を行うよう求めた。これに応じて参事会員と幹部職員がそれぞれマインツ大司教と握手による誓約を行い、マインツ大司教の秘書官が誓約文を読み上げた。参事会員と幹部職員が退出したあと、市の守備隊の司令官ヨハン・フォン・アイゼネック大佐（守備隊の第一中隊の指揮官を兼任）と市の守備隊を構成する歩兵三個中隊と砲兵一個中隊の将校が同じように安全保障誓約を行った。

市庁舎の玄関の南側から南隣の「リムプルク」と呼ばれる建物の前にかけて仮設の桟敷が作られ、手摺の部分に赤い毛布が取りつけられていた。「リムプルク」は「都市貴族」の社交クラブ「アルテ・リムプルク」が所有していた。「戴冠式宴会室」での誓約が終わったあと、三人の大司教の第一選挙大使と、五人の欠席している選帝侯の第二選挙大使が、参事会員や幹部職員とともにこの桟敷に降りて来て、レーマーベルクに一四の「街区」ごとに集まっていた市民の誓約を受けた。誓約は参事会員と幹部職員が誓約文を読み上げ、市民が万歳を叫ぶという形で行われた。それに続いて守備隊の下士官と兵士による誓約が行われた。行事が終わると、一同はマインツ大司教から順に来たときと同じように馬車に乗り行列を作って宿舎に戻った。

城門の閉鎖

安全保障誓約の次は、外部の要因による混乱を防止するためのよそ者の排除である。一三五六年の「金印勅書」によれば、選挙が行われる期間にはフランクフルト市内から選挙関係者以外のよそ者を排除しなければならなかった。このため、安全保障誓約の次の日（九月二八日）に、参事会はよそ者に翌日の午後六時までに市内から退去するよう求め、市民や居留民にはよそ者を宿泊させないよう求める布告を出し、トランペット手と太鼓手を繰り出してその内容を周知させた。またこの布告によってユダヤ人街のユダヤ人には外出禁止が課された。

九月二九日には、フランクフルトの七つの城門のうちガルゲン門（西）、エッシェンハイマー門（北）、アラーハイリゲン門（東）、シャウマイン門（南西）の四つが午前中に閉じられ、残りのボッケンハイマー門（北西）、フリートベルガー門（北東）、アッフェン門（南）の三つの城門も午後六時には閉鎖された。これ以後、翌九月三〇日（選挙当日）の午後四時頃まで閉鎖が続き、この間にはだれも市内に出入りできなくなった。城門の閉鎖を見張るためそれぞれの城門に参事会員四人が派遣された。

ただし選挙関係者、その家族や供回りの他に、選帝侯や帝国世襲マルシャルの保護を受けた有力者も締め出しを免れたので、実際にはかなりの数のよそ者が市内に残ることになった。例えばマインツ大司教はおよそ二〇〇人、ボヘミア王はおよそ一五〇人を保護していた。

城門が閉鎖されたあと、城門の鍵は市庁舎に運ばれ、第一市長のラウターバッハと第二市長のミュールによってマインツ大司教フリードリヒ・カール・ヨーゼフのもとに届けられた。二人の市長は市の馬車に乗り、四人の騎手、四人の市の召使、個人的な召使を先行させ、馬に乗った守備隊の少佐、副官、二人の下士官、武器をもった一二人の兵士、鍵を入れた二つの箱をもった四人の運び手とともに、マインツ大司教の宿舎トゥルン・ウント・タクシス侯爵の宮殿を訪れた。大司教が二人の市長を引見して、箱を開け、鍵を改めたあと、一行は鍵の箱を置いて退去した。

選挙当日、鍵を入れた二つの箱はマインツ大司教の近衛兵の部隊によって帝国世襲マルシャルのパッペンハイム伯爵の宿舎まで運ばれ、さらに帝国世襲マルシャルによって選挙が行われる大聖堂まで運ばれた。鍵の箱は大聖堂の内陣（教会の東側の祭壇を収める部分）の南側の「選挙礼拝室」に保管されていたが、選挙が終わるとマインツ大司教の宿舎に戻され、そこから市の守備隊の部隊が引き取って、市長のもとへ持ち帰った。大聖堂の鍵もすべて選挙当日に大聖堂の共同祭式団（共同生活を営みながら宗教行事を行う高位聖職者の団体）の会長から帝国世襲マルシャルに手渡された。

2. 選帝侯の騎馬行進

市庁舎への集合

九月三〇日の選挙の日には、午前六時から七時まで、選挙の開始を告げるためフランクフルト市内の教会の鐘が一斉に鳴らされた。静穏を保つため、この日はフランクフルト市内では仕事は休みになり、酒場などでワイン、ビール、火酒、コーヒー、紅茶などを提供することも禁止された。教会の鐘に合わせて、市民軍と守備隊が集まり、軍楽を演奏しながら定められた場所で配置についた。それと同時に大聖堂の内部を警備するマインツとザクセンのスイス人衛兵も持ち場に向かった。

午前一〇時を過ぎると、マインツ大司教フリードリヒ・カール・ヨーゼフ、トリーア大司教クレーメンス・ヴェンツェスラウス、ケルン大司教マクシミーリアーン・フランツと、欠席している俗人の選帝侯の代役を務めるボヘミアの第一選挙大使コロレード・ヴァルトゼー伯爵、バイエルン・プファルツの第一選挙大使オーベルンドルフ伯爵、ザクセンの第一選挙大使シェーンベルク伯爵、ブランデンブルクの第一選挙大使オステン・ザッケン侯爵、ハノーファーの第一選挙大使ボイルヴィッツ男爵が供回りとともに馬車で宿舎から市庁舎にやって来た。

市庁舎での案内を担当する参事会の代表が大司教や代役の第一選挙大使を出迎え、「選挙会議室」に案内した。そのあと三人の大司教は「選挙会議室」から丸天井広間の北側にある三つの部屋にそれぞれ移動し、そこで聖職者の服装から選帝侯の特別な服装に着替えた。選帝侯は選挙のときには白いオコジョの毛皮で縁取られた赤い帽子、白いオコジョの毛皮で作られたケープ、白いオコジョの毛皮で縁取られた赤いガウンを着ることになっていた。スペイン風の黒い儀式用の服装でやって来た第一選挙大使は着替えを行わず、「選挙会議室」で待機した。

市庁舎から大聖堂へ

着替えが終わると、三人の大司教と五人の代役の第一選挙大使は市庁舎の玄関に戻り、飾りをつけた馬に乗り、行列を作って大聖堂に向かった。この行列の移動方法は中世の慣例を踏襲したもので、一八世紀の通常の移動方法とは異なっていた。

ヨーロッパでは一六世紀後半に、サスペンションのついた、地面の凹凸による振動が乗客に直接伝わらない馬車が普及した。サスペンションは、最初は文字通り車体を革紐で車台に吊るす方式で、のちには車体と車軸のあいだに板バネを入れる方式も生まれた。サスペンションつ

大聖堂（南側から）

きの馬車が広く使われるようになると、それ以降身分のある者は常に馬車で移動するようになった。遠距離の旅行にはもちろん馬車を使うのであるが、街中で近隣の家を訪ねるような外出の場合にさえ徒歩で出向くことはなく、馬車が利用された。

しかしこの大聖堂への行列には馬車は登場しなかった。宮廷や政府の高官、聖堂参事会員といった身分の高い者も徒歩で行列に加わったが、これは異例のことであった。一方、行列の主役である大司教や代役の第一選挙大使は騎馬で行進した。身分のある者は乗馬を嗜んだが、馬車が普及してからは普通の移動で馬に乗ることはほとんどなく、これも異例であった。

市庁舎の玄関前を出発した大司教と代役の第一選挙大使の行列は、レーマーベルクの北東の角から「マルクト」と呼ばれる二〇〇メートルほどの狭い通りに入って東に進み、大聖堂の北側に出た。沿道には市民軍の部隊が列を作って並んだ。行進の行列は召使のグループ、宮廷役人や小姓のグループ、騎馬の三人の大司教と五人の第一選挙大使を含む高官のグループという三つの大きな集団に分かれて移動した。それぞれのグループのなかでは選帝侯の席次順(順位の最も低いハノーファーが先頭、順位の最も高いマインツが最後)に位置が割り当てられていた。

高官グループのうしろの部分を占めるケルン、トリーア、マインツの行列では、それぞれの宮廷マルシャルが先導を務め、そのあとに宮廷や政府の高官、聖堂参事会員が徒歩で続き、さらに騎馬の大司教が続くという形になった。大司教のすぐ前を、それぞれの大司教の世襲マルシャルが鞘に収めたマルシャルの剣を右肩に担いで騎馬で進み、大司教の両脇をそれぞれの宮廷厩舎長と近衛兵の大佐が徒歩で進んだ。

この日三人の大司教と五人の第一選挙大使が乗った馬はそれぞれ選りすぐられたものであったが、特にハノーファーの第一選挙大使ボイルヴィッツ男爵の馬がその美しさで人びとの目を引いた。この馬は全身が灰黄色で、斑点がなく、黒い眼をしていた。その後この馬はローマ王に提供され、戴冠式の日にローマ王が宿舎から大聖堂まで騎馬で行進する際に利用されることになった。

大聖堂の北側に到着すると、大司教と代役の第一選挙大使は馬から降りて、大聖堂の北西に取りつけられた長方形の回廊の出入口に進んだ。出入口は回廊の北西部にあり、大司教、代役の第一選挙大使、高官はそこから回廊に入り、回廊内を通って大聖堂に入ることになっていた。この日の宗教行事の中心となるマインツの助司教（大司教の宗教的職務の代行者）ヨハン・ハイメスが、大聖堂の共同祭式団の構成員やその他の聖職者とともに、回廊の出入口で大司教、代役の第一選挙大使、高官を出迎えた。

助司教ハイメスが三人の大司教とカトリックの選帝侯の第一選挙大使に聖水を散布したあと（プロテスタントは聖水を使用しない）、代役の第一選挙大使は単身で、三人の大司教はそれぞれの世襲マルシャルと宮廷マルシャルをともなって回廊に入った。そのあと高官、迎えに出た助司教ハイメス以下の聖職者、代役の第一選挙大使、大司教が行列を作って回廊内を進んだ。マインツのスイス人衛兵が代役の第一選挙大使と大司教の右側を、ザクセンのスイス人衛兵が左側を行進した。

長廊(教会の西側の信者が入る部分)の北東部にある、回廊から大聖堂への出入口では、マルシャル杖をもった帝国世襲房室扉番のゲオルク・フェルディナント・フォン・ヴェルテルン男爵が一行を出迎えた。大司教、代役の第一選挙大使、高官はそこからさらに進んで内陣に入った。内陣の出入口でもマインツとザクセンのスイス人衛兵が見張りをしていた。

フランクフルトの大聖堂の内陣には異例の広い空間があり、先に大聖堂に来ていた、代役の第一選挙大使以外の選挙大使、秘書官、公証人などがすでに内陣内に集まっていた。公証人は古くからある専門職で、文書や法的行為の認証を職務とした。ここには選挙に関連して行われる誓約について、法的に証拠能力のある記録を残すために呼ばれて来ていた。選挙大使や帝国世襲マルシャルが発行した入場券をもった見物人も大聖堂の中に入っていた。

3. 選挙と選挙結果の公表

フランクフルトの大聖堂

フランクフルトの大聖堂（正式名称は「聖バルトロメーウス教会」）は旧市街の東部を南北に走る主要道路ファールガッセの西側にあった。大聖堂のある場所にはフランク王国の時代から「救世主教会」と呼ばれる教会が建っていた。

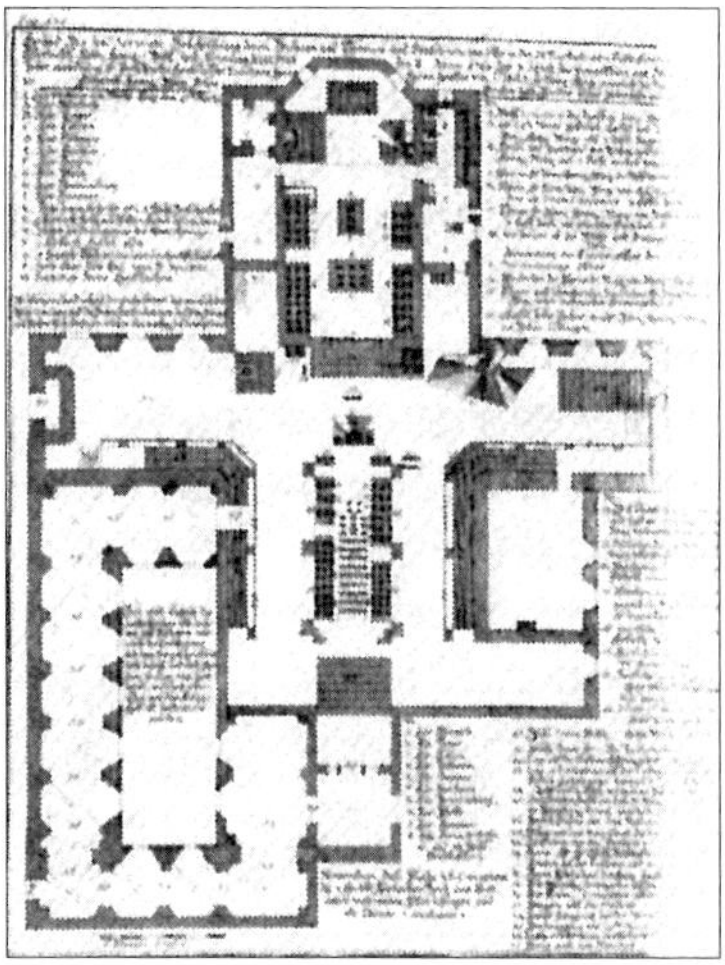

大聖堂の平面図（上が東）　Macek,S.91

この教会は一三人の高位聖職者からなる共同祭式団が管理していた。この共同祭式団はマインツ大司教の監督下にあった。

マインツ大司教が共同祭式団の代表である主席の任命権をもっており、マインツ大聖堂の聖堂参事会の構成員のひとりが主席に任命された。主席のもとで実際に共同祭式団の指揮を執ったのが会長である。他に四人の共同祭式団の役職者がいた。会長以下の役職者は共同祭式団の構成員の互選によって選ばれた。またこの教会はフランクフルトの教区教会を兼ねていて、「プレバーン」と呼ばれる役職者が教区の主任司祭を兼務していた。

一二三九年に救世主教会の建て替えが始まり、教会は新たに「聖バルトロメーウス教会」と呼ばれることになった。教会の建物の改築作業はその後も長く続き、一四世紀半ばになって北と南の袖廊が極端に大きく、東側の内陣が非常に長く、逆に西側の長廊が非常に短い、正十字型の平面をもつ建物が完成した。内陣の北側には香部屋（祭具、祭服などを保管する部屋）、南側には「選挙礼拝室」がついていた。

キリスト教の教会は建て方が決まっていて、東側に祭壇を入れる内陣、西側に一般の信者が集まる広い空間をもった長廊、内陣と長廊が接する部分の北側と南側に袖廊、長廊の西側に塔を配置することになっていた。通常では内陣と袖廊は小さく作られ、長廊が教会の建物の大きな部分を占めたが、フランクフルトの大聖堂はこの通例からはずれていた。

一三世紀半ばに建て替えが始まり、一〇〇年あまりを経て一四世紀半ばに新しい教会が出来上がったものの、新しい教会はフランクフルトの中心的な教会として見栄えがしなかった。このため、古い塔を取り壊し、西隣にあった市庁舎をレーマーベルクに移転させ、市の参事会と共同祭式団が共同で資金を出して新しい塔を建てることになり、一四一五年から塔の建設が始まった。こうして高さが八〇メートル近くあり、ドーム型の屋根をもつ巨大な塔が生まれることになった（一五一四年に完成）。また一四一八年には長廊の北側と北の袖廊の西側に接して長方形の回廊が設けられた。

一五世紀半ばになると、教区が広すぎて宗教的配慮が行き届かなくなることを心配した市の参事会が、共同祭式団の反対を押し切って、新市街とザクセンハウゼンに新しい教区を作り、これらの教区を旧市街の教区から独立させた（一四五二）。これにともなって、フリートベルガー門の近くにあったペーター教会が新市街の教区教会に、ザクセンハウゼンの西の端にあった三王教会がザクセンハウゼンの教区教会に格上げされた。

一五一七年にルターによる宗教改革が始まると、フランクフルトはルター派に転向し（一五三三）、大聖堂も市の参事会に接収された。しかしプロテスタントの帝国諸侯や都市が皇帝カール五世の率いる軍勢と戦ったシュマルカルデン戦争（一五四六〜四七）でプロテスタント側が大敗したため、一五四八年に大聖堂は一部の修道院とともにカトリックの手に戻された。これ以降、大聖堂とこれらの修道院はルター派の都市フランクフルトの中のカトリックの島のようになった。皇帝の選挙や戴冠式はカトリックの宗教儀式と組み合わされた形で行われたので、この返還がなければ、フランクフルトは選挙の場所という地位を守れず、戴冠式の場所にもなれなかった可能性が高い。

しかしこの返還によって旧市街のルター派の信者は教区教会を失ってしまった。そこでノイエ・クレーメの西側にあったもとの跣足修道院の教会と、カタリーナ門の東側のカタリーナ教会(一六七八年に改築)が旧市街のルター派の教区教会として使用されることになった。一八世紀末にもとの跣足修道院の教会は傷みがひどくなって取り壊され、跡地にパウロ教会が建てられた(着工は一七九〇年、完成は一八三三年)。一八四八年革命の際にはこの教会でフランクフルト国民議会が開かれた。

このように大聖堂は中世のあいだは教区教会という役割をもっていたが、フランクフルトが近世はじめにルター派に転向してからは、市の住民の宗教生活のうえではほとんど何の役割も果たさなくなり、専らフランクフルトが皇帝の選挙の場所(のちにはさらに戴冠式の場所)という地位を守るための建物になっていた。

選挙前の誓約

大聖堂の北西の回廊を通って大聖堂の中に入った三人の大司教と五人の代役の第一選挙大使は大聖堂の東側の内陣に進み、次のような席順で席に着いた。「福音書側」(東面して左側)の席には東から順にマインツ大司教フリードリヒ・カール・ヨーゼフ、ボヘミアの第一選挙大使コロレード・ヴァルトゼー伯爵、バイエルン・プファルツの第一選挙大使オーベルンドルフ伯爵、ブランデンブルクの第一選挙大使オステン・ザッケン侯爵が座り、「書簡側」(右側)の席には東からケルン大司教マクシミーリアーン・フランツ、ザクセンの第一選挙大使シェーンベルク伯爵、ハノーファーの第一選挙大使ボイルヴィッツ男爵が座った。トリーア大司教クレーメンス・ヴェンツェスラウスは中央の祭壇の前の席に座った。三人の大司教の前には、剣をもったそれぞれの世襲マルシャルとマルシャル杖をもったそれぞれの宮廷マルシャルが立った。

一同が所定の席につくと、マインツの助司教ハイメスがミサ侍者、補助司祭とともに内陣の祭壇の前に進み、「来たれ、創造主たる聖霊よ」を歌ったあとミサを行った。ミサのあいだプロテスタントの選帝侯の第一選挙大使は内陣の南側の「選挙礼拝室」に一時退去した。「金印勅書」は選挙前にすべての選帝侯がミサに参加することを求めていたが、宗教改革以降この規定は守られなくなっていた。ミサを終えた助司教はもう一度「来たれ、創造主たる聖霊よ」を歌ったあと、祭壇から内陣の「書簡側」(右側)に退いた。

その後三人の大司教と五人の代役の第一選挙大使は内陣の祭壇の前に進み、マインツ大司教を中央にして「選挙会議室」の席順と同じ順序で、祭壇を背にして並んだ。マインツ大司教が選挙前の誓約を呼びかけ、他の大司教や代役の第一選挙大使が同意すると、トリーア大司教が事前に祭壇に置かれていた誓約文の中からマインツ大司教のものを取って、大司教に手渡した。マインツ大司教は祭壇の前で胸に「宣誓の指」(右手の親指、人差指、中指)を当てて誓約文を読み上げ、適正な人物を適正にローマ王に選出することを誓った。

次にマインツ大司教が他の大司教や代役の第一選挙大使に誓約を求め、順次誓約文を手渡した。誓約文を受け取った大司教は祭壇の前に進んで胸に宣誓の指を当てて誓約文を読み、代役の第一選挙大使は祭壇の「聖福音集」に宣誓の指を置いて誓約文を読んだ。「聖福音集」というのはミサで奉読する福音を集めた冊子である。読み終えた誓約文はマインツの第三選挙大使デールスブルク男爵に手渡され、第三選挙大使から秘書官に渡された。

マインツ大司教は近くで見ていた二人の公証人を呼び寄せ、誓約についての記録を残すように求めた。公証人は選挙大使をはじめとする内陣の中にいた高官に証人になるよう要請した。誓約の儀式が終わると、大司教と代役の第一選挙大使はいったん席に戻った。その間に「書簡側」の助司教ハイメスが「聖霊来たれ」を歌った。

密室での選挙

そのあと三人の大司教と五人の代役の第一選挙大使は、マインツ大司教を先頭にして内陣の南側の「選挙礼拝室」に入り、「書簡側」（東面して右側）の席に着いた。さらに帝国世襲マルシャルのパッペンハイム伯爵が代役の第一選挙大使以外の選挙大使、マインツの秘書官、二人の公証人、証人、証人になるその他の高官を「選挙礼拝室」に呼び入れた。マインツの第三選挙大使デールスブルク男爵、秘書官、公証人が「福音書側」（左側）に並んだ。

準備ができたところで、マインツ大司教が他の大司教や五人の代役の第一選挙大使に、選挙を始めるのに支障がないこと、選挙は多数決で行われること、選ばれた場合には「選挙協約」への誓約を行うことを握手による誓約で確認するよう求めた。握手が終わると、マインツ大司教は再び公証人にそれを記録として残すよう要請した。その後、帝国世襲マルシャルのパッペンハイム伯爵の指示によって、大司教と代役の第一選挙大使以外のすべての者が「選挙礼拝室」を出て、「選挙礼拝室」の扉が閉じられ、ようやく本来の選挙が始まった。このように選挙の核心部分は密室のなかで余人を交えず選帝侯（あるいは代役の選挙大使）のみで行う形になっていたのである。

選挙ではまずマインツ大司教がトリーア大司教にだれに投票するか尋ね、続いてケルン大司教、ボヘミアの第一選挙大使、バイエルン・プファルツの第一選挙大使、ザクセンの第一選挙大使、ブランデンブルクの第一選挙大使、ハノーファーの第一選挙大使の順番で投票する相手を訊いた。最後にザクセンの第一選挙大使がマインツ大司教の意向を尋ねた。全員が投票する相手を述べたあと、再び「選挙礼拝室」の扉が開けられ、退室していた代役の第一選挙大使以外の選挙大使などが「選挙礼拝室」に呼び入れられた。

呼び戻された一団が「選挙礼拝室」に入ったところで、マインツ大司教が全会一致でハープスブルク家の世襲領土を相続したレーオポルトをローマ王に選んだことを告げ、他の大司教と代役の第一選挙大使に同意を求めた。同意が行われると、マインツ大司教は再び公証人にそれを記録するよう要求した。続いて、ボヘミアの選挙大使が発言し、新しくローマ王に選ばれた者は「選挙協約」を守ることを誓約する取り決めになっており、代理の選挙大使がそのための全権を与えられているか確認する番であると述べた。

ボヘミアの選挙大使コロレード・ヴァルトゼー伯爵、メッテルニヒ伯爵、バルテンシュタイン男爵の三人が全権委任状を提示して、マインツの秘書官がそれを読み上げたあと、マインツ大司教がボヘミアの選挙大使に「選挙協約」への署名と誓約を要請した。マインツの第三選挙大使デールスブルク男爵が誓約文を手渡すと、ボヘミアの三人の選挙大使は順次「選挙礼拝室」の祭壇の前に進んで、誓約を行った。

その後マインツの第三選挙大使デールスブルク男爵が新しいローマ王の名前を告げる宣言文をマインツ大司教に手渡し、マインツ大司教による宣言が行われた。マインツ大司教は再び公証人にそれを記録するよう求めた。そのあとマインツ大司教はボヘミアの第一選挙大使コロレード・ヴァルトゼー伯爵に祝辞を述べた。

選挙結果の公表

選挙が終了して、大司教以下が「選挙礼拝室」から内陣に出たのは午後二時であった。続いて内陣と「十字交差部」（長廊と袖廊が交差する部分）のあいだの仕切りの十字交差部側に作られた桟敷の上で選挙結果の公表が行われた。桟敷は赤い布で覆われていた。

公表に立ち会うために、三人の大司教と五人の代役の第一選挙大使が帝国世襲マルシャルのパッペンハイム伯爵に先導されて桟敷にのぼり、マインツ大司教を中心にして「選挙会議室」の席順と同じ順序で席についた。三人の大司教のうしろにはそれぞれの世襲マルシャルと宮廷マルシャルが立ち、さらにマインツ大司教の横には帝国世襲マルシャルのパッペンハイム伯爵と大司教の第三選挙大使デールスブルク男爵が立った。

一同が席に着くと、マインツ大聖堂の聖堂参事会主席ダミアーン・フォン・デア・ライエン伯爵が、桟敷の上からローマ王の名前を告げる宣言文を大きな声で読み上げた。続いて主席は二度「王万歳」と叫んだ。これに答えて大聖堂内の見物人が万歳の声を上げた。また大聖堂の外に詰めかけていた見物人も万歳の声を上げ始めた。さらにトランペットと太鼓が鳴らされ、フランクフルト市内の教会の鐘が一斉に鳴り始め、城壁では祝砲が一〇〇発発射された。

桟敷から内陣に戻った大司教と代役の第一選挙大使は、聖歌隊の「テ・デウム」の合唱が終わったあと大聖堂から退出した。大司教と代役の第一選挙大使は大聖堂の北側で再び馬に乗り、供回りとともに往路と同じ隊列を作って市庁舎まで行進した。沿道では見物人が歓呼の声をあげ、城壁ではさらに祝砲一〇〇発が発射された。ローマ王に選出されたレーオポルトの弟のケルン大司教マクシミーリアーン・フランツが行進すると特に大きな歓声が上がった。

市庁舎に戻った三人の大司教はそこで選帝侯の服装から聖職者の服装に着替え、それぞれ行列を作って宿舎に戻った。五人の代役の第一選挙大使もいったん市庁舎に入り、それぞれ行列を作って宿舎に向かった。行事が終わって城門の鍵がフランクフルト側に返され、城門が開かれると、選出されたレーオポルトに選挙結果を知らせるため、ボヘミアの選挙大使の使者が、続いて帝国世襲マルシャルのパッペンハイム伯爵がフランクフルトを発った。

第六章　ローマ王のフランクフルト入城

1. ローマ王への連絡

皇帝候補者レーオポルト旅立つ

選挙と戴冠式はもともとフランクフルトとアーヘンという遠く離れた場所で別々に行われていたが、一七一一年の皇帝カール六世の即位以降はフランクフルトで連続して行われるようになった。また選挙の結果も外交交渉によって実質的には事前に判明している場合が多かった。このため、皇帝候補者は選挙のあと速やかに戴冠式に臨むことができるように、選挙の前にフランクフルトの近くまで来て待機するようになった。一七九〇年の場合も、選挙の日（九月三〇日）には皇帝候補者レーオポルトはすでにウィーンを離れ、フランクフルトに向けて移動中であった。

選挙前の九月一九日にウィーンで三組の結婚式が行われた。皇帝候補者レーオポルトの長男フランツ（のちの皇帝フランツ二世）、次男フェルディナント（父親のあとを継いでトスカーナ大公になる）、三女マリー・クレメンティーネの三人が、ナポリ・シチリア王フェルナンド四世と王妃マリーア・カロリーナの二人の娘マリーア・テレージア、ルイーゼ、息子で後継者のフランチェスコとそれぞれ結婚したのである。

ナポリ・シチリア王妃マリーア・カロリーナはレーオポルトの妹で、両者の子供はいとこ同志の関係になる。なおフランチェスコとマリー・クレメンティーネは若年のため本人ではなく代理人が結婚式に臨む代理結婚の形を取った。ナポリ・シチリア王夫妻も結婚式のためにナポリからウィーンにやって来た。

九月二三日にレーオポルトは妻のマリーア・ルドヴィーカ（スペイン王カルロス三世の娘）、結婚式を終えたばかりの長男フランツとその妻マリーア・テレージア、次男フェルディナントとその妻ルイーゼ、三男カール、四男アレクサンダー・レーオポルト、七男ヨーゼフ・アントーンとともにウィーンを発ち、フランクフルトに向かった。ナポリ・シチリア王フェルナンド四世と王妃マリーア・カロリーナも変名であとを追った。

レーオポルトとマリーア・ルドヴィーカも皇帝フランツ一世とマリーア・テレージアと同じように一六人の子供をもっていた。それらの子供のうち五男と六男はすでに死亡していた。レーオポルトは残りの子供のうち、ザクセン公の弟と結婚した長女、修道院に入った次女、三女マリー・クレメンティーネ以下の幼少の九人を除いた五人の子供をすべて戴冠式に連れて行ったのである。

レーオポルトの子供のうち君主になった者以外では、三男のカールと九男のヨハンが有名である。カールはフランス革命のあと起きた対仏戦争でオーストリア軍の司令官を務め、一八〇九年のアスペルンの戦いでフランス軍を破ってナポレオンの不敗神話を壊した。また戴冠式に連れて行ってもらえなかった九男のヨハンはのちにシュタイアーマルクを活動の場として、同地の郵便局長の娘と身分違いの結婚をし、一八四八革命の際にはフランクフルト国民議会が樹立した臨時政府の首班になった。

皇帝候補者レーオポルトとともにフランクフルトに向かったのは妻と子供だけではなかった。君主の旅行には通常宮廷の主要な構成員が随行し、旅行中の君主の便宜を図った。君主とともに宮廷が移動するのである。このレーオポルトのフランクフルトへの旅行にも、宮廷長官のシュターレムベルク侯爵、侍従長のウルジーン・ウント・ローゼンベルク伯爵、宮廷マルシャルのカウニッツ伯爵、宮廷厩舎長のディートリヒシュタイン侯爵という四人の最高位の廷臣を含む、多数の宮廷の人員がついて行った。

連絡係の来訪

レーオポルトの一行は九月二三日にウィーンを出発したが、そのときにはまだローマ王の選挙は行われていなかったため、三人の子供が結婚したので親族同士の顔合わせを行うことが旅行の目的とされた。選挙当日の九月三〇日の午後六時から七時のあいだに、レーオポルトの一行はフランクフルトから東に三五キロメートルほど離れたアシャッフェンブルクに到着し、マインツ大司教が所有する宮殿に入った。アシャッフェンブルクの周辺はマインツ大司教の領土であった。

午後八時過ぎに、帝国世襲マルシャルのパッペンハイム伯爵が四人の先駆けと郵便ラッパを吹く三〇人の郵便騎手に先導されてアシャッフェンブルクにやって来て、レーオポルトに選挙結果を伝えた。郵便騎手は所定の旋律で郵便ラッパを吹くことによって道路の優先的な通行権を主張することができたので、伯爵のため道を開けさせるのに使われたのである。そのあと弟のケルン大司教マクシミーリアーン・フランツも、ネーデルラント総督アルベールと夫人のマリー・クリスティーヌをともなってレーオポルトのもとを訪れた。翌一〇月一日にはメクレンブルク・シュトレーリッツの大公子カールとその随員が二人の先駆けと郵便ラッパを吹く三〇人の郵便騎手に先導されて到着し、ローマ王への選出を伝える選帝侯の公式文書をレーオポルトにもたらした。レーオポルトはカールに宝石のついた高価な短剣を贈って労をねぎらった。

一〇月一日から数日のあいだ、ローマ王への選出を祝う訪問者が相次いでレーオポルトのもとを訪れた。一〇月一日には早朝にフランクフルトを発ったマインツ大司教フリードリヒ・カール・ヨーゼフとトリーア大司教クレーメンス・ヴェンツェスラウスがやって来て祝辞と歓迎の言葉を述べた。フランクフルトに集まっていた帝国伯爵も祝賀の代表団を送ってきた。一〇月一日の正午にはナポリ・シチリア王フェルナンド四世と王妃マリーア・カロリーナもアシャッフェンブルクに到着した。

この日の夜には、ボヘミアの第一選挙大使コロレード・ヴァルトゼー伯爵がフランクフルトの旅館で数百人規模の祝賀の大晩餐会と大舞踏会を催した。また伯爵は貧困者にも目を配り、すでに選挙直後にフランクフルトの第一市長ラウターバッハに貧困者に配布するための金銭を渡していた。

一〇月二日には戴冠式用の道具と衣装をもったニュルンベルクの代表団がフランクフルトに到着し、翌一〇月三日には戴冠式用の道具をもったアーヘンの代表団がやって来た。一〇月三日にはレーオポルトに先立って妻のマリーア・ルドヴィーカが家族やナポリ・シチリア王夫妻とともに、フランクフルトにおけるレーオポルトの宿舎になっていたロスマルクトの南側の「クローンシュテッテン基金」の屋敷に入った。

2. ローマ王の入城行列

関係者全員での出迎え

一〇月四日にローマ王レーオポルトのフランクフルトへの入城が行われた。この日の早朝レーオポルトは馬車に乗って供回りとともにアシャッフェンブルクを出発した。フランクフルトから南西に三〇分ほど離れたリートホーフに一二張りの大きなテントが張られ、そこでマインツ大司教フリードリヒ・カール・ヨーゼフ、トリーア大司教クレーメンス・ヴェンツェスラウス、ケルン大司教マクシミーリアーン・フランツ、それぞれの選帝侯の選挙大使、帝国世襲マルシャルのパッペンハイム伯爵などがレーオポルトを待っていた。フランクフルトのすべての参事会員と幹部職員である法律顧問官と参事会書記官も迎えに出ていた。

正午にレーオポルトの一行がここに到着した。レーオポルトは馬車から降りて自分のテントに入り、待っていた人びとから挨拶を受けた。このとき、フランクフルトの第二市長ミュールが、市の城門の鍵の模造品を金の縁取りのある赤いビロードのクッションに載せて、市の形式上の領主であるレーオポルトに差し出した。レーオポルトは鍵を手に取ったが、「ありがとう。

鍵は市当局の手の中にあるに如《し》くはない」といって、すぐに市長に返した。フランクフルトの城壁では礼砲一〇〇発が発射された。

長蛇の馬車行列

その後レーオポルトの一行は待っていた人びとを加えて長蛇の行列を作り、フランクフルト市内に向かった。すでに述べたように、当時のヨーロッパでは身分や序列の低い者が先に行進するのが通例であった。

行列の先頭を最も序列の低いフランクフルトのグループが行進した。最初に騎馬の厩舎長と騎馬の馬丁六人が進んだ。馬丁はそれぞれ右手にフランクフルトの紋章がついた覆いをかけた「引き馬」を引いていた。二番目は騎馬の召使四人と騎手四人、三番目は太鼓手ひとりとトランペット手四人、四番目は城門の外での送迎を担当する騎馬の参事会の代表、参審員のアントーン・フォン・ホルツハウゼン、フリードリヒ・フォン・バルクハウゼン、ゼナートルのモールス、ヨハン・ヴィレマーの四人、五番目は三個中隊の市民軍騎馬隊という隊列になっていた。

そのあとに帝国世襲マルシャルのパッペンハイム伯爵の関係者が続いた。一番目は杖をもった騎馬の帝国警吏、二番目は騎馬の厩舎長、三番目は騎馬の馬丁四人と伯爵の紋章がついた覆いをかけた四頭の「引き馬」、四番目は騎馬の帝国設営係、五番目は騎馬の書記局顧問官と秘書官、六番目は騎馬の帝国宿営長シュネッター、七番目は徒歩の召使、八番目は帝国大マルシャルの剣の鞘をもったパッペンハイム伯爵の息子が乗った六頭立ての馬車、九番目は小姓二人、一〇番目は空の六頭立ての馬車となっていた。

続いて代役の選挙大使以外の選挙大使の行列が進んだ。一番手はハノーファーの選挙大使の行列で、多数の召使、設営係、宮廷役人が進んだあと、選挙大使などを乗せた三台の六頭立ての馬車が行進した。二番手のブランデンブルクの行列、三番手のザクセンの行列、四番手のバイエルン・プァルツの行列、五番手のボヘミアの行列もほぼ同じ編成であった。

六番手はケルンの選挙大使の行列で、召使、厩舎長、馬丁六人と大司教の紋章がついた覆いをかけた六頭の「引き馬」、太鼓手ひとりとトランペット手四人、馬丁四人、宮廷の高官を乗せた一二台の六頭立ての馬車、空の六頭立ての馬車が行進した。七番手はトリーアの選挙大使の行列で、ケルンとほぼ同じ編成。八番手のマインツの選挙大使の行列もほぼ同じであったが、馬丁と「引き馬」は一二組、宮廷の高官を乗せた六頭立ての馬車は二二台出た。

次に選帝侯の代役を務める五人の第一選挙大使と三人の聖職者の選帝侯の行列が進んだ。一番手はハノーファーの行列で、多数の召使が先行し、六頭立ての馬車に乗った第一選挙大使ボイルヴィッツ男爵がそれに続いた。大使のそばを小姓とハンガリー兵が行進した。二番手のブランデンブルクの第一選挙大使オステン・ザッケン侯爵、三番手のザクセンの第一選挙大使シェーンベルク伯爵、四番手のバイエルン・プファルツの第一選挙大使オーベルンドルフ伯爵、五番手のボヘミアの第一選挙大使コロレード・ヴァルトゼー伯爵の行列もハノーファーと同じ編成であった。

六番手はケルン大司教マクシミーリアーン・フランツの行列で、多数の召使、宮廷役人、スイス人衛兵、騎馬の小姓六人が先行し、そのうしろに大司教を乗せた六頭立ての馬車が続いた。七番手のトリーア大司教クレーメンス・ヴェンツェスラウスの行列もほぼ同じ編成であった。八番手はマインツ大司教フリードリヒ・カール・ヨーゼフの行列で、召使、宮廷役人、スイス人衛兵のあとに大司教を乗せた六頭立ての馬車が続き、大司教のそばを徒歩のハンガリー兵四人と騎馬の小姓一二人が行進した。

その次が主役のローマ王レーオポルトの行列であった。多数の馬丁、召使、宮廷役人、騎馬の馬丁一六人と王の紋章がついた覆いをかけた八頭の「引き馬」、宮廷の高官を乗せた六台の六頭立ての馬車、トランペット手六人と太鼓手ひとり、六頭立ての大きな装飾馬車、王杓をもった騎馬の紋章官三人、多数の下級召使が行進し、そのあとに白馬が引くレーオポルトを乗せた六頭立ての馬車が続いた。レーオポルトの馬車のまわりを、マントを着用した下級近衛兵が進んだ。レーオポルトの馬車のそばには抜身の帝国大マルシャルの剣をもった帝国世襲マルシャルのパッペンハイム伯爵が騎馬でついた。そのあとに騎馬の小姓一六人が続き、太鼓とトランペットをともなった騎馬の上級近衛兵が続いた。

そのうしろにもさらに行列があって、それぞれ太鼓とトランペットをともなったマインツの騎馬の近衛兵、トリーアの騎馬の近衛兵、ケルンの騎馬の近衛兵が進み、そのあとに騎馬のフランクフルトの帝国郵便厩舎長と郵便ラッパを吹く五〇人の郵便騎手、二台の六頭立ての旅行用馬車、一八人の帝国郵便局長が続いた。最後尾を参事会員の召使、六人の市の召使に先導された参事会員を乗せた二〇台の馬車が行進した。

ローマ王レーオポルトのフランクフルトへ向かう入城行列には、全体で徒歩の者一三三六人、騎馬の者一四九五人、四頭立ての馬車二二台、六頭立ての馬車八二台が参加していた。徒歩の者と騎馬の者を合わせると二八三一人になる。合わせて一〇四台の馬車に何人乗っていたかは不明であるが、多くの馬車には複数の者が乗車していたと考えられるので（ただし一部の馬車は空）、行列全体の参加者は三〇〇〇人を超えていたであろう。

大聖堂から宿舎へ

リートホーフを出発したローマ王レーオポルトの大行列は、ザクセンハウゼンの南側のアッフェン門を通ってフランクフルト市内に入り、マイン川にかかる石造りの橋を渡って旧市街に進んだ。橋を通るときに城壁では礼砲一〇〇発が発射された。

レーオポルトの行列は旧市街の東部のファールガッセを北上し、一二世紀の古い城壁のボルンハイマー門を経て、新市街の南の端の大通りツァイルに入った。ツァイルを西に進んだ一行は一二世紀の古い城壁のカタリーナ門から再び旧市街に戻り、聖母教会の南側の広場リープフラウエンベルクからノイエ・クレーメを南下して、市庁舎前の広場レーマーベルクを通り、レーマーベルクから東に延びる「マルクト」と呼ばれる通りを経て大聖堂の北側に到達した。

石の橋からファールガッセを少し北上すると西側に大聖堂があったが、一行はすぐには大聖堂に向かわず、市内の主要な通りや広場を大回りして行列の延々と続く様子を誇示しながら大聖堂に至った。レーオポルトが大聖堂に着いたのは午後四時であった。このときにも城壁で礼砲一〇〇発が発射された。沿道には市民軍と守備隊の部隊が列を作って並び、市内の教会では鐘が鳴らされ、無数の見物人が行列に向かって万歳を叫んだ。

大聖堂には午前中に帝国世襲房室扉番のヴェルテルン男爵が供回りとともに馬車でやって来て、大聖堂の共同祭式団の会長から大聖堂のすべての鍵を受け取った。大聖堂の内部ではザクセンのスイス人衛兵が警備についた。大聖堂に到着したローマ王レーオポルトは、帝国世襲マルシャルのパッペンハイム伯爵、マインツ大司教、トリーア大司教、ケルン大司教、欠席している選帝侯の代役を務める五人の第一選挙大使に先導されて内陣の南側の「選挙礼拝室」に入り、ここで「選挙協約」への誓約を行った。誓約のあと、一行はレーオポルトの宿舎ロスマルクトの南側の「クローンシュテッテン基金」の屋敷まで戻り、散会した。その後市民軍のすべての部隊が軍楽を演奏しながらレーオポルトの宿舎の前を行進し、歓迎の銃の発射を行った。

翌一〇月五日から八日までのあいだ、ローマ王レーオポルトは大司教や選挙大使の表敬訪問を受けたり、家族やナポリ・シチリア王夫妻とともに大司教のもとへ食事に出かけたりして過ごした。一〇月五日にはフランクフルトの参事会の代表八人がレーオポルトのもとへ挨拶にやって来た。シュルトハイスのヨハン・フォン・シュタルブルク、第一市長のラウターバッハ、参審員のフリードリヒ・フォン・レルスナー、ウッフェンバッハ、フムブラハト、ヨハン・オーレンシュラーガー、法律顧問官のクリスティアン・ランゲ、第二市長のミュールが、騎手、自分の召使、市の召使を先行させ、二台の馬車に分乗して宿舎を訪れ、銀の手洗いボール、一対の銀の燭台、五〇〇枚の金貨を贈り物として贈った。翌一〇日六日には法律顧問官ランゲの代わりに法律顧問官ゼーガーを加えた参事会の代表八人が、今度はレーオポルトの妻マリーア・ルドヴィーカを訪ねて、同じ贈り物をした。

一〇月六日にはマインツ大司教の書記局からフランクフルトの参事会に、ローマ王レーオポルトの意向によって一〇月九日に戴冠式を行うので、市の住民は当日静穏を保つようにという命令が出された。これを受けて参事会は一〇月七日の午後にトランペット手と太鼓手を出して住民に対して同じ趣旨の布告を行った。

また一〇月六日にはマインツ大司教の書記局から帝国世襲マルシャルのパッペンハイム伯爵に対して、三人の聖職者の選帝侯、五人の欠席している選帝侯の第一選挙大使、その他の帝国諸侯のもとへ自ら出向いて、戴冠式への出席を要請するようにという文書が出された。出席を要請された帝国諸侯のうち聖職者は大聖堂に、俗人はローマ王の宿舎に午前八時に集合することになっていた。帝国伯爵のところへは帝国世襲マルシャル配下の帝国宿営長シュネッターが出かけて同じ趣旨の要請を行った。

3. 帝国権標と戴冠式用衣装の搬入

帝国権標とは

戴冠式には君主の権力を象徴する道具と特別の衣装が必要であった。神聖ローマ帝国では皇帝の権力を表示する道具は「帝国権標」と呼ばれていた。どの道具が帝国権標に当たるのか最初は必ずしも定まっていなかったが、一四世紀後半の皇帝カール四世の時代以降は固定された。帝国権標と戴冠式用衣装は帝国都市のアーヘンとニュルンベルクが保管していた。もとの戴冠式都市であったアーヘンには戴冠式用の「聖福音集」、「聖ステパノの袋」、「カール大帝の彎刀《わんとう》」という三つの帝国権標が保管されていた。戴冠式用の「聖福音集」(ミサで奉読する福音を集めた冊子)はカール大帝の時代に由来するもので、ローマ王は戴冠式でこの「聖福音集」に指を置いて誓約を行った。「聖ステパノの袋」は袋ではなく、巡礼者の袋を模して作られた聖遺物箱である。中には一世紀に最初に殉教した聖ステパノの血を吸ったとされる土が入っていた。この箱も九世紀はじめのカロリング帝国の時代のものであった。ローマ王が戴冠式で帯びる「カール大帝の彎刀」はカール大帝の時代よりかなりあとの一〇世紀の終わりに作られたものである。

二二歳で若死にした、オットー大帝の孫のオットー三世(九八三〜一〇〇二)はカール大帝の大変な崇拝者で、アーヘンに滞在していた一〇〇〇年にアーヘン大聖堂内のカール大帝の墓を秘密裏に発掘し、再び埋め戻した。カール大帝の墓が大聖堂のどこにあるのか、正確な場所は現在不明になっている。アーヘンの三つの帝国権標はこのオットー三世による発掘のときにカール大帝の墓の中から取り出されたという伝説をもつ。伝説の真偽は別にして、これらの三つの帝国権標は長らくアーヘンで保管され、戴冠式で使用されていた。戴冠式の場所がアーヘンから他の都市に移った一六世紀後半以降、これらの帝国権標は戴冠式のときにだけアーヘンから持ち出された。

この三つ以外の帝国権標と戴冠式用衣装はニュルンベルクで保管されていた。もともとそれらは戴冠式で使われたあと、統治している皇帝が携行したり、自分の所有する城で保管したりしていた。しかし皇帝ジークムント(一四一〇〜三七)の時代に、宗教改革者ヤン・フスの処刑(一四一五)に端を発してボヘミアでフス戦争(一四一九〜三六)が勃発し危険になったため、一四二二年にそれまでの保管場所であったプラハ近郊のカールシュタイン城からいったんハンガリーに移された。その後ジークムントはそれらをニュルンベルクに運ばせ、そこを恒久的な保管場所と定めた(一四二四)。

帝冠（1790 年の銅版画）

ニュルンベルクで保管されていた帝国権標の中には「帝冠」、「帝杓」、十字架つきの「帝玉」などがあった。「帝冠」は王国の支配権を表す。金でできていて、全体に二四〇個の真珠と一二〇個の宝石が鏤《ちりば》められている。すでにオットー大帝の戴冠(九六二)のときに使われたと見られている。ただし帝冠についている頭頂のアーチ形の飾りと正面の十字架は一一世紀はじめに取りつけられたものである。

帝冠の本体は上部が半円形になった八枚の長方形の板からなっている。八は中世には聖数である。正面の板と背面の板にはそれぞれ一二個の大きな宝石が取りつけられている。側面には、真珠と宝石だけがついた二枚の板と、預言者イザヤとエゼキア王、キリストと二人の天使、ダヴィデ王、ソロモン王が描かれた四枚の板がある。板同士は蝶番でとめられている。

ローマ王が戴冠式のときに右手にもつ「帝杓」は一四世紀前半に作られたものである。帝杓は公正な支配者を象徴する。一方、左手にもつ「帝玉」は一二世紀末に作られたもので、世界の支配権を表している。他に一四世紀前半に作られた聖水を散布するための杓状の灌水器、一一世紀はじめに作られた大きな十字架があり、十字架の中には聖遺物である「聖槍」の一部と「聖十字架」の断片とされるものが収められている。「聖槍」は十字架上のキリストの脇腹を突いた槍、「聖十字架」はキリストの処刑に使われた十字架のことである。オットー大帝はこの「聖槍」の霊力によってレヒフェルトの戦い(九五五)でマジャール人を打ち破ったとされる。

ニュルンベルクの帝国権標にも剣が二振り含まれていた。ひと振りは「帝国の剣」あるいは「聖マウリティウスの剣」と呼ばれるもので、一一世紀中頃に作られた。聖マウリティウスは軍隊の守護者とされる聖人である。この剣はローマ王の大聖堂への騎馬行進で使用された。もうひと振りは「儀式の剣」と呼ばれるもので、時代を超越したかのような特異な支配者として有名な神聖ローマ皇帝兼シチリア王フリードリヒ二世(一一九四～五〇)が一二二〇年に皇帝戴冠式を行ったときに使われた。一五世紀以降は戴冠式のあとの騎士叙任で使用された。

戴冠式用衣装

ニュルンベルクには戴冠式用衣装も保管されていた。戴冠式用衣装は高位聖職者の祭服とほぼ同じで、ローマ王はこの衣装を着ることによって高位聖職者と同じ聖性を帯びるものとされた。フランス王やイギリス王は戴冠式で得た神聖な力を、按手による病人の治療によって実証しなければならなかったが、ローマ王はこの衣装の着用のみで問題なく聖なる存在であると認定されたためか、そのような行為を行わなかった。なおイギリス王は一七一四年に即位したジョージ一世以降「カトリック的」であるとして治療行為を拒否した。一方、フランス王は復古王朝のシャルル一〇世が一八二五年に行ったのが最後である。

ニュルンベルクで保管されていた戴冠式用衣装の多くは一二世紀にノルマン系のシチリア王のために作られたもので、一二世紀末にシチリア王国を相続したシュタウフェン王朝の手を経てローマ王の戴冠式の衣装になった。ノルマン人はもともと北ヨーロッパの住人であったが、一〇世紀はじめに一部が北フランスに移住してノルマンディー公国を建国した。南イタリアではビザンティン系、イスラム系、ランゴバルト系の勢力が抗争を繰り広げていたが、ここに一一世紀にノルマンディー公国からノルマン人が傭兵として入って来て大きな勢力になり、幾つかの小国家を作った。やがてノルマン人の小君主のひとりロジェ二世がシチリア島とイタリア半島南部を支配下に置いてシチリア王国を建国した（一一三〇）。

ロジェ二世の孫のギョーム二世が後継者なく死亡したあと、フリードリヒ・バルバロッサの息子で、ロジェ二世の娘コンスタンツェと結婚していた皇帝ハインリヒ六世（一一九〇～九七）が、王国の相続権を主張してシチリアに侵攻し、一一九四年に王国はシュタウフェン王朝のものになった。これによってヨーロッパ文化、ビザンティン文化、イスラム文化が入り混じったシチリアと神聖ローマ皇帝との結びつきが生まれたのである。なお先に触れたフリードリヒ二世はハインリヒ六世とコンスタンツェの子供である。

戴冠式用衣装のうち、金の刺繍を施された赤い絹の「プルヴィアーレ」と呼ばれる半円形のマントは、一二世紀の中頃にシチリア島の中心都市パレルモの工房で、シチリア王ロジェ二世のために作られたものである。刺繍の意匠はオリエント的で、マントの右側と左側にはそれぞれラクダを襲うライオンが、中央には「生命の木」が描かれている。金や真珠で飾られた紫色の絹の「ダルマティカ」（長衣）と、宝石で飾られた赤い絹の靴も同じ頃パレルモの工房でロジェ二世のために作られた。

「ダルマティカ」の下に着る、宝石と真珠を取りつけた「アルバ」（白衣）、金の刺繍を施された赤い絹の靴下、マントの下に使用する帯、金の刺繍を施された赤い絹の手袋の作成年代はもう少し遅いと見られている。「アルバ」と「ダルマティカ」の装着順はのちに混乱し、「ダルマティカ」の上に「アルバ」が着用されるようになった。紫色の絹の「鷲のダルマティカ」と黄色の絹の「ストラ」（頸垂帯）はそれぞれ一四世紀になってドイツとイタリアで作られた。これらの衣装はその後新しいものに取り換えられることなく、繰り返し修理して使用され続けた。

カール大帝の墓から掘り出されたという伝説をもつアーヘンの三つの帝国権標に限らず、帝国権標の多くは、中世末期以降、実際の製作年代が忘れ去られ、あるいは意図的に無視されて、カール大帝に由来するものとされるようになった。こうして帝国権標は単に神聖ローマ皇帝の権力を表示するだけではなく、カール大帝から続く帝権の由緒正しさを保証する道具と見なされることになった。これは戴冠式用衣装の場合も同じで、これらの衣装もカール大帝が身に着けたものとされるようになった。一五一二年から一三年にかけてアルブレヒト・デューラーが作成したカール大帝の肖像画も、神聖ローマ帝国の帝冠と戴冠式用衣装を着用した姿で描かれている。

道具と衣装の保管

一四二四年に皇帝ジークムントからアーヘンで保管されていた三つの帝国権標以外の帝国権標と戴冠式用衣装を預かったニュルンベルクは、市内を流れるペーグニッツ川のほとりの聖霊施療院教会でそれらを保管した。それらはニュルンベルクにおいては復活祭の時期に毎年公開されたが、戴冠式が行われる場所に一時的に届けられる以外には、ニュルンベルクから持ち出されることはなかった。

これ以降、帝国権標と戴冠式用衣装を戴冠式以外で使用することはできなくなったので、その時々の皇帝によって戴冠式以外の儀式で使うためのさまざまな模造品や類似品が作られた。それらのなかでも特に有名なものが一六〇二年に皇帝ルードルフ二世が作らせたハープスブルク家の王冠である。

長らくニュルンベルクで保管されていた帝国権標と戴冠式用衣装は、フランス革命が起きて対仏戦争が始まったあと、一七九六年にフランス軍がライン川を越えて南ドイツに攻め込んできたので、略奪を避けるためニュルンベルクからレーゲンスブルクに運ばれ、ヒューゲル男爵によって同市のトゥルン・ウント・タクシス侯爵の宮殿で保管されることになった。

ヒューゲル男爵は一七九〇年のレーオポルト二世の選挙と戴冠の際にはトリーアの第三選挙大使(本務は宮廷書記局長官)を務めていたが、その後オーストリアに移籍して、帝国議会における皇帝の代理人「筆頭代行者」を補佐する「副代行者」に就任していた。一八〇〇年にヒューゲル男爵は帝国権標と戴冠式用衣装をレーゲンスブルクからヴィーンに移送した。

アーヘンの三つの帝国権標もフランス軍のライン左岸占領による被害を避けるため一七九四年にアーヘンからパーダーボルンに移されて、オーストリアのトリーア選帝侯領等担当大使ヴェストファーレン伯爵の管理下に入った。ヴェストファーレン伯爵は一七九〇年のレーオポルト二世の即位の際にはマインツの第二選挙大使（本務は国務協議会大臣）を務めていたが、その後オーストリアに移籍して上記の職務に就いていた。パーダーボルンの三つの帝国権標は一時ヒルデスハイムで保管されたあと一八〇一年にウィーンに辿り着き、ニュルンベルクの帝国権標と合流した。

その後ウィーンが一八〇五年と一八〇九年にナポレオンに占領されたので、帝国権標と戴冠式用衣装はハンガリーに移され、秘匿された。しかし一八一八年にはウィーンに戻って来た。一九三八年にオーストリアがドイツに併合されたときには、ナチスがそれらを持ち去ったが、一九四六年に返却され、現在はウィーンのホーフブルク宮殿で保管されている。

道具と衣装の搬入

さて一七九〇年の場合には、すでに九月一二日に第一選挙大使全員の名前でニュルンベルクとアーヘンに宛てて、ローマ王の選挙を九月三〇日に、戴冠式をその数日後に予定しているので、それまでに帝国権標と戴冠式用衣装を運んで来るよう求める文書が出されていた。選帝侯による選挙の日取りは選挙会議で決定されたが、戴冠式の日取りの方は、形式上は新しく選出されるローマ王が決めることになっていたので、その数日後という表現になっている。

この要請に応じて、選挙の二日後、一〇月二日の夕方に、皇帝の紋章（双頭の鷲）入りの赤い幌をかけた六頭立ての荷馬車に帝国権標や戴冠式用衣装の入った箱を積み、幌の上に模造品の帝冠と帝玉を乗せて、ニュルンベルクの代表団がフランクフルトにやって来た。また翌一〇月三日にはアーヘンの代表団も到着した。どちらの代表団も、城門の前で待ち受けていた馬に乗ったフランクフルトの参事会の代表ひとり、市民軍騎馬隊の部隊、帝国世襲マルシャルの代理を務める帝国宿営長シュネッターによって市内の宿舎まで案内された。代表団が到着すると市内の教会の鐘が鳴らされた。

ニュルンベルクの代表団の正使は「最高指揮官」のフリードリヒ・ショイエルル・フォン・デーファースドルフ、「農村部長官」のフリードリヒ・トゥーハー・フォン・ジンメルスドルフ、「ローズング委員」のヨハン・クレス・フォン・クレセンシュタインの三人、副使は「施療院長官」のヨハン・ハラー・フォン・ハラーシュタインと法律顧問官のヨハン・シュミットの二人が務めた。代表団は多数の随員、召使、馬車係、警備兵をともなっていた。

ニュルンベルクにおいても市政を指揮していたのは市長であったが、ここでは「市長」は最高決定機関である「小参事会」(定員四二人)の中心的構成員二六人の総称で、この二六人の「市長」が二人ずつ組になって四週間ごとの輪番制で市長の実務を行っていた。このため、市長が市の最高位の官職とはいえず、また遠方まで出かける役割を引き受けるのにも適していなかった。

そこで市の軍事部門の最高責任者で、市の印章、市の城門の鍵などを保管し、またその後帝国権標と戴冠式用衣装の保管の責任も負うようになった「最高指揮官」（定員三人）のひとりが、正使として帝国権標と戴冠式用衣装を戴冠式が行われる場所に運ぶ役割を果たすことになった。「最高指揮官」のこの役割は固定されていたので、一七二一年に皇帝カール六世から「最高指揮官」に帝国軍事顧問官と王冠保管者という二つの称号が与えられた。なお「ローズング」というのはニュルンベルクが徴収していた財産税のことで、市の財務部も「ローズング局」と呼ばれていた。

一方、アーヘンからは代表として市長カスパル・クロッツ、市長ヨハン・クライト、法律顧問官マティーアス・ペルツァー、書記官ダーニエール・ベッカー、リエージュ大聖堂の聖堂参事会員、アーヘン大聖堂の共同祭式団の会長が来ていた。アーヘン大聖堂は一八〇二年までリエージュ司教の監督下にあった。

帝冠と衣装の試着

ローマ王レーオポルトがフランクフルトに入城してから二日経った一〇月六日に、ニュルンベルクの代表団がもって来た帝国権標と戴冠式用衣装の検分と試着が行われた。この日の午前七時半にレーオポルトの宿舎「クローンシュテッテン基金」の屋敷から、迎えの使者として、上級近衛兵の将校が上級近衛兵一〇人、下級近衛兵一二人、六頭立ての馬車、四人の馬丁などをともなってニュルンベルクの代表団の宿舎にやって来た。これに応じて、ニュルンベルクの代表団は赤いビロードの布で覆われた帝国権標と戴冠式用衣装の入った箱を迎えの馬車に乗せ、迎えの使者の一行や自らの随員、警備兵などとともに行列を作ってレーオポルトの宿舎を訪れた。

帝国権標と戴冠式用衣装は宿舎内の謁見の間に運ばれ、箱から取り出されて、天蓋の下に置かれたテーブルの上に並べられた。レーオポルトは家族やナポリ・シチリア王夫妻とともに居室で一〇月九日の大聖堂への騎馬行進で身につける衣装の試着をしていたが、そこへニュルンベルクの代表団の三人の正使と副使のハラーを呼んで引見し、一七四五年の父親フランツ一世と一七六四年の兄ヨーゼフ二世の戴冠式に参加した経験のある正使ショイエルルと親しく言葉を交わした。

その後レーオポルトは謁見の間から帝国権標と戴冠式用衣装を運ばせて点検し、騎馬行進用の衣装に続いて戴冠式用の衣装と帝冠の試着を行った。その際ショイエルルが帝冠のかぶり方に注意を促したので、ケルン大司教のマクシミーリアーン・フランツが呼ばれてやって来て、帝冠を落ちないようにかぶせる方法について伝授を受けた。

戴冠式用衣装はすべてレーオポルトの身体に合ったが、帝冠だけは具合が悪かったので大きさの調整が行われた。帝冠は一〇月八日にも再びローマ王の宿舎に運ばれて調整された。試着が終わると、ニュルンベルクの代表団は迎えの使者の一行とともに再び行列を作って帝国権標と戴冠式用衣装の入った箱を宿舎に持ち帰った。

第七章　皇帝戴冠式

1. ローマ王の騎馬行進

儀式参加者の集合

一〇月九日の戴冠式の行事も早朝に始まった。午前六時にフランクフルト市内の教会の鐘が一斉に鳴らされ、市民軍と守備隊が軍楽を演奏しながら持ち場についた。午前七時にローマ王レーオポルトの使者として上級近衛兵の将校が上級近衛兵一〇人、下級近衛兵一二人、馬車などとともにニュルンベルクの代表団の宿舎を訪れ、代表団の一行とともに行列を作って、帝国権標と戴冠式用衣装の入った箱を今度は大聖堂まで運んだ。

馬車から降ろされた箱は代表団によって大聖堂の内陣の南側にある「選挙礼拝室」に運び込まれた。他の三つの帝国権標をもったアーヘンの代表団も到着した。帝国権標は二つのテーブルの上に並べられ、ローマ王の大聖堂への騎馬行進で使用されるもの（帝冠、帝杓、帝玉、「聖マウリティウスの剣」）とそれ以外のものに仕分けられた。

午前九時頃、マインツ大司教フリードリヒ・カール・ヨーゼフ、トリーア大司教クレーメンス・ヴェンツェスラウス、ケルン大司教マクシミーリアーン・フランツが白いオコジョの毛皮で縁取られた赤い帽子、白いオコジョの毛皮で作られたケープ、白いオコジョの毛皮で縁取られた赤いガウンからなる選帝侯用の衣服を着て宿舎から大聖堂にやって来た。マインツの助司教ハイメス以下の聖職者が大司教たちを出迎えた。その後三人の大司教は他の聖職者とともに「選挙礼拝室」に入って、帝国権標と戴冠式用衣装を検分し、マインツ大司教が代表団から帝国権標と衣装の目録を受け取った。

続いて、マインツ大司教はローマ王が騎馬行進で使用する四つの帝国権標をローマ王の宿舎「クローンシュテッテン基金」の屋敷に運ぶマインツの聖堂参事会員二人を指名した。二人は四つの帝国権標を馬車の座席に乗せて馬車に乗り込み、マインツの宮廷に所属する八人の高官や近衛兵とともにローマ王の宿舎に向かった。

大聖堂の内陣と十字交差部（長廊と南北の袖廊が交差する部分）のあいだにある仕切りの十字交差部側に戴冠式用の祭壇が設けられ、その北側には祭具を載せる台、南側には帝国権標を載せる台が置かれていた。ローマ王の宿舎に運ばれたもの以外の帝国権標は「プルヴィアーレ」（マント）とともに戴冠式用祭壇の南側にある帝国権標の台に運ばれ、「プルヴィアーレ」以外の衣装は「選挙礼拝室」に残されて、すぐに帝国世襲房室扉番のヴェルテルン男爵によって「選挙礼拝室」の扉が閉じられた。祭壇の南側の台に運ばれた帝国権標と衣装にはニュルンベルクとアーヘンの代表団の構成員が見張りにつき、「選挙礼拝室」の扉の前にはローマ王の上級近衛兵二人が見張りとして立った。

帝国権標と戴冠式用衣装の準備を行ったあと、三人の大司教は内陣の北側の香部屋に入って選帝侯の服装から大司教の服装に着替え、ローマ王の到着を待った。一方、欠席している選帝侯の代役を務める五人の第一選挙大使は供回りとともにいったん市庁舎に集まり、そこからローマ王の宿舎「クローンシュテッテン基金」の屋敷に向かった。午前一〇時に帝国世襲マルシャルのパッペンハイム伯爵が騎馬で供回りとともに市庁舎を出発し、五人の第一選挙大使とその供回りも選挙の日と同じように召使のグループ、宮廷役人や小姓のグループ、高官のグループに分かれてそのあとに続いた。

帝国権標とともに大聖堂へ

ローマ王の宿舎「クローンシュテッテン基金」の屋敷の前に到着すると、五人の第一選挙大使は馬から降りて屋敷に入り、ローマ王レーオポルトを部屋の中まで迎えに行った。その後隊列が組み直され、ローマ王の大聖堂へ向けての騎馬行進が行われた。この行進の移動方法も選挙の際に行われた大聖堂への往復の行列と同じように、当時の通常の移動方法から大きくはずれた異例のものであった。ここでも当時の身分の高い者にとって必須の移動手段であった馬車は使われず、政府や宮廷の高官も、帝国諸侯や帝国伯爵も歩いて行進した。一方で、主役のローマ王とローマ王を直接先導する役目の者は騎馬での行進を行った。

先頭に立ったのは杖を手に持ったパッペンハイム伯爵配下の帝国警吏である。そのあとに同じくパッペンハイム伯爵配下の帝国設営係が続き、さらにローマ王の下級近衛兵二人が続いた。そのうしろを設営係や召使のグループ、宮廷役人や小姓のグループが行進し、それに続いてローマ王と三人の大司教の宮廷マルシャルが徒歩で進み、そのあとに政府や宮廷の高官、帝国伯爵、帝国諸侯のグループが徒歩で続いた。

そのうしろをローマ王のトランペット手と太鼓手が行進し、続いて騎馬でローマ王の紋章官二人が進み、さらにハノーファーの第一選挙大使ボイルヴィッツ男爵、ブランデンブルクの第一選挙大使オステン・ザッケン侯爵、ザクセンの第一選挙大使シェーンベルク伯爵、バイエルン・プァルツの第一選挙大使オーベルンドルフ伯爵、ボヘミアの第一選挙大使コロレード・ヴァルトゼー伯爵の五人が騎馬で進んだ。

それに続いて「宮廷大官」の職務を代行する五人の帝国世襲官が帝国権標をもって騎馬で行進した。最初に帝杓をもった帝国世襲ケメラー代理のアントーン・フォン・ホーエンツォレルン・ジグマリンゲン侯爵(右側)、帝玉をもった帝国世襲トゥルフゼスのマクシミーリアーン・ツー・ツァイル・ウント・トラウフブルク伯爵(中央)、帝冠をもった帝国世襲財務長のプロスパー・フォン・ジンツェンドルフ伯爵(左側)の三人が並んで進み、帝国世襲シェンクのミヒャエール・フォン・アルトハン伯爵がそれに続き、最後に帝国世襲マルシャルのパッペンハイム伯爵が抜き身の「聖マウリティウスの剣」をもって進んだ。

ホーエンツォレルン・ジグマリンゲン家はシュヴァーベンの貴族で、一六世紀はじめから帝国世襲ケメラー代理の職務を帯びていた。同家は一七世紀はじめに帝国侯爵の地位を得た。ブランデンブルク辺境伯の家系は一三世紀にシュヴァーベン系ホーエンツォレルン家から分かれた。

ツァイル・ウント・トラウフブルク家もシュヴァーベンの貴族で、一二世紀末以降トゥルフゼスの地位を保持していてトゥルフゼス・フォン・ヴァルトブルク家と名乗っていた一族の末裔。ツァイル・ウント・トラウフブルク家は一七世紀はじめに帝国伯爵に昇格した。

ジンツェンドルフ家は上オーストリア出身の貴族で、一七世紀半ばに帝国伯爵に昇格し、帝国世襲財務長の職務に就いた。同家は一七世紀の半ばにライン地方のライネック城塞を購入して帝国議会における投票権ももっていた。

アルトハン家は下オーストリア出身の貴族で、一六世紀に軍人や廷臣としてハープスブルグ家に仕えて勢力を拡大しオーストリアの有力貴族になった。一七世紀はじめには帝国伯爵の地位を手に入れた。一八世紀はじめに帝国世襲シェンクの職務を受け継いだ。

これら五人の帝国世襲官のうしろをローマ王レーオポルトがハープスブルク家の王冠をかぶって騎馬で行進した。ローマ王の頭上には天蓋が掲げられ、フランクフルトの参事会の代表八人が天蓋の八本の竿を支えて徒歩で進んだ。ローマ王の両側を王の宮廷長官シュターレムベルク侯爵、宮廷厩舎長ディートリヒシュタイン侯爵、上級近衛兵の隊長ロプコヴィッツ侯爵、上級近衛兵が徒歩で行進した。

第一市長のラウターバッハ、参審員のレルスナー、ウッフェンバッハ、フンブラハト、オーレンシュラーガー、ホルツハウゼン、ヨハン・フォン・ローエン、第二市長のミュール、ゼナートルのヒエローニュムス・シュロッサー、ゲオルク・ブックの一〇人が行進に参加して交代でローマ王の頭上に掲げられた天蓋の八本の竿を支える役割を果たした。

ローマ王レーオポルトの一行は市庁舎前の広場レーマーベルクを経て一二時に大聖堂の北側に到着した。マインツ大司教、トリーア大司教、ケルン大司教が司教の杖をもち、他の聖職者とともに行列を作って大聖堂の北西に設けられた回廊の出入口まで出て、ローマ王を出迎えた。十字架をもった大聖堂の共同祭式団がこの聖職者の行列の先導を務めた。出入口でローマ王はマインツ大司教から聖水を受け、祝福を受けた。

出迎えの儀式が終わると、先ず一行の中の身分の高い者と五人の第一選挙大使が回廊を通って大聖堂に入った。それに続いて迎えに出た聖職者の行列が回廊を通って大聖堂内に戻った。聖職者の行列のうしろにマインツ大司教が続き、そのあとを帝国世襲マルシャルのパッペンハイム伯爵の先導を受けてローマ王レーオポルトが進み、ローマ王の両脇をトリーア大司教とケルン大司教が進んだ。ローマ王が回廊から大聖堂の中に足を踏み入れると、太鼓とトランペットが演奏され、続いて聖歌隊が交唱（二組の聖歌隊が掛け合いで歌う形式の聖歌の合唱）を行った。

2. 即位の誓約

座席の配置

戴冠の儀式は選挙のように大聖堂の内陣ではなく、内陣の西側の長廊と袖廊が交わる十字交差部で行われた。先に述べたように、内陣と十字交差部のあいだにある仕切りの十字交差部側に戴冠式用の祭壇が設置され、その北側には祭具の台、南側には帝国権標の台が置かれていた。戴冠式用の祭壇と向き合う形で十字交差部の中央には天蓋が吊るされ、その下に四段の壇が置かれ、壇の上にローマ王の祈祷台と王座が設けられていた。

十字交差部の北東の隅には戴冠式を主導するマインツ大司教フリードリヒ・カール・ヨーゼフの席、北西の隅にはトリーア大司教クレーメンス・ヴェンツェスラウスの席、南西の隅にはケルン大司教マクシミーリアーン・ヨーゼフの席、南東の隅には戴冠式後に騎士叙任を行うための天蓋と王座が設置されていた。南東の王座はアーヘンのカール大帝の王座の代わりと見なされた。

フランクフルトの大聖堂の場合、西側の一般の信者が入る長廊は東西に並ぶ二列の柱列によって内部が三つの空間に区切られた「三廊式」になっていた。三廊式長廊の中央の空間は「身廊」、北側と南側の空間は「側廊」と呼ばれる。身廊の北側には三人の大司教の選挙大使が座る長椅子、身廊の南側には俗人の選帝侯の選挙大使が座る長椅子が置かれていた。

身廊の中央部には祭壇と王座に向き合う形で、王座に近い東側に宗教行事の補佐役を務める高位聖職者たちの椅子が置かれ、そのうしろに帝国諸侯の長椅子席、外交使節の長椅子席、帝国伯爵の長椅子席、領邦政府の大臣や顧問官の長椅子席、最も王座から遠い西の端にフランクフルトの参事会員の長椅子席が設けられていた。今回の戴冠式には外交使節としてローマ教皇ピウス六世の大使、ロシア女帝エカテリーナ二世の大使、サルデーニャ王ヴィットーリオ・アメデーオ三世の大使などが来ていた。

北側の側廊と南側の側廊の壁ぎわや袖廊の西側の壁ぎわには桟敷が作られていた。南側の側廊と南側の袖廊が接する角の部分の桟敷はローマ王レーオポルトの家族とナポリ・シチリア王夫妻、随行の女官の座席になっており、南北の側廊の桟敷は音楽隊の座席として使われた。南北の側廊の桟敷で塞がれていない部分には、選挙大使や帝国世襲マルシャルが発行した入場券をもった見物客が入った。

祭壇での誓約

ローマ王レーオポルトが大聖堂に入って、十字交差部の中央の王座に座ると、その右側に「聖マウリティウスの剣」をもった帝国世襲マルシャルのパッペンハイム伯爵、帝杓をもった帝国世襲ケメラー代理のホーエンツォレルン・ジグマリンゲン侯爵、左側に帝玉をもった帝国世襲トゥルフゼスのツァイル・ウント・トラウフブルク伯爵、帝冠をもった帝国世襲財務長のジンツェンドルフ伯爵、前に帝国世襲シェンクのアルトハン伯爵が立った。

聖歌隊の交唱が終わると、ローマ王レーオポルトはトリーア大司教クレーメンス・ヴェンツェスラウス、ケルン大司教マクシミーリアーン・フランツ、補佐役を務める高位聖職者たちに導かれて、戴冠式用祭壇の前に進んだ。祭壇の前には祈祷用のクッションが置かれており、ローマ王はその上に跪いた。儀式を主導するマインツ大司教フリードリヒ・カール・ヨーゼフが司教の杖をもってローマ王の前に立ち、「神よ王を健やかならしめたまえ」(ラテン語)と唱えた。その後ローマ王はトリーア大司教、ケルン大司教、補佐役の高位聖職者たちに導かれて十字交差部の中央の王座に戻った。

続いてマインツ大司教がミサを始め、最初に聖歌隊が入祭文、「キリエ・エレイソン」(憐みの賛歌)、「グロリア」(栄光の賛歌)を歌った。選挙の場合とは異なって、戴冠式ではプロテスタントの選帝侯の選挙大使がミサのあいだ一時退去することは認められなかった。選挙ではミサと選挙が前後に結びついていたが、戴冠式はミサの中に取り込まれていた。続唱と呼ばれる聖歌が終わって福音書朗読が始まるところで、ミサは中断され、戴冠の儀式に移った。

最初にローマ王の宮廷長官シュターレムベルク侯爵が、ローマ王レーオポルトのハープスブルク家の王冠、装飾品、マント、上着などを脱がせた。そのあとトリーア大司教、ケルン大司教、欠席している選帝侯の代役を務める五人の第一選挙大使がローマ王を祭壇に導き、ローマ王は再びクッションの上に跪いた。そのように記録されているが、実際には腹ばいで寝ていたらしい。次いで連祷(聖職者が祈りを唱え、参列者が合の手を入れる形式の祈祷)が行われたが、そのあいだローマ王は地面に顔を向けた姿勢を保たなければならなかった。連祷が終わると、ローマ王は立ち上がって、マインツ大司教から質問を受けた。質問もそれに対する答えもすべてカトリック教会の用語であるラテン語で行われた。

「汝は神聖なカトリックの使徒伝承の信仰を保ち、公正な行いによってこれを維持することを望むか。」

「汝は神聖な教会とその僕の忠実な後見人にして保護者であることを望むか。」

「汝は神から与えられた帝国を先祖の公正さで支配し、積極的に保護することを望むか。」

「汝は帝国と帝位の権利を維持し、不公正にまき散らされた権利を取り戻し、帝国と帝位の利益のために忠実に使用することを望むか。」

「汝は貧しい者にも富める者にも公正な裁判官であり、また未亡人や孤児の敬虔な保護者であることを望むか。」

「汝はキリストの代理の聖父であり、主人であるローマ教皇と神聖なローマ教会に然るべく服従することを望むか。」


これらの質問にすべて「然り」と答えたあと、ローマ王レーオポルトは祭壇に近づき、右手の三本の指（宣誓の指）をアーヘンからもたらされた「聖福音集」の上に置いて誓約を行った。それに続いてマインツ大司教が大聖堂内に向かって大きな声で「だれもが当局に臣従するという使徒の言葉のとおり、汝らがこのような君主、このような統治者に服従し、その帝国の守りを固め、誠実に支え、その命令に従うことを望むならば、二度実行さるべしと答えよ」（ラテン語）と呼びかけ、これに応じて大聖堂内の一同が二度「実行さるべし」（ラテン語）と答えた。そのあとローマ王は祭壇の前のクッションに跪き、マインツ大司教から祝福を受けた。

3. 塗油と戴冠

塗油の儀式

続いて塗油の儀式が行われた。選挙大使が祭壇の前にいるローマ王レーオポルトのまわりに集まり、帝国大ケメラー（宝物・調度・衣装の管理）の官職をもつブランデンブルク辺境伯の第一選挙大使オステン・ザッケン侯爵が、ローマ王の宮廷長官シュターレムベルク侯爵と侍従長ウルジーン・ウント・ローゼンベルク伯爵の介添えを受けながら、ローマ王のシャツの首まわりを開けた。

マインツ大司教が「汝に塗油して王となす」（ラテン語）という言葉を繰り返しながら、ローマ王の頭頂部、胸、うなじ、右の前腕、右の掌に十字に油（香料入りのオリーブ油）を塗った。油はすぐにマインツの助司教ハイメスとエルフルト（マインツ大司教区に所属）の助司教ヨハン・フォン・エッカルトによって綿花でふき取られた。この間、聖歌隊が交唱を行った。

戴冠式はキリスト教の宗教儀式のミサと組み合わされていて、全体として宗教的な式典なのであるが、塗油はそのなかでも特に宗教色の強い部分と見なされていた。塗油はもともと古代オリエントの儀式で、古代ユダヤでは王を擁立するために行われていたことが『旧約聖書』に記されている。ヨーロッパで塗油が即位の儀式に取り入れられて、定着するのは八世紀半ば以降である。

よく知られているように、七五一年にカロリング家のピピンがメロヴィング家のフランク王を放逐して王位を簒奪した。そのあと、ピピンは自らの王位の聖性と正統性を示すために、古代ユダヤのこの儀式を復活させ、フランク王国を訪れたローマ教皇ステファヌス二世からパリ近郊のサン・ドニ修道院の教会で塗油の儀式を受けた（七五四）。このときピピンの二人の息子にも塗油が行われた。そのうちのひとりがのちのカール大帝である。

カール大帝の息子のルートヴィヒ敬虔帝も、すでに八一四年に父親のあとを継いで皇帝になっていたにもかかわらず、八一六年にフランク王国を訪れたローマ教皇ステファヌス四世から改めてランスで塗油され、帝冠を受けた。これらの出来事が先例になって、カロリング帝国やその後継国家の即位の儀式では聖職者による塗油が行われることになったのである。神聖ローマ帝国でも塗油は戴冠式の不可欠の要素になっていた。

戴冠の儀式

祭壇の前での塗油が終わったあと、ローマ王レーオポルトは内陣の南側の「選挙礼拝室」に移動した。補佐役の高位聖職者たちを先頭にして、帝冠などをもった四人の帝国世襲官、欠席している選帝侯の代役を務める五人の第一選挙大使、帝国世襲マルシャルのパッペンハイム伯爵、ローマ王レーオポルト、トリーア大司教とケルン大司教の順に「選挙礼拝室」に入り、その他の選挙大使がそれに続いた。

「選挙礼拝室」のなかでブランデンブルクの第一選挙大使オステン・ザッケン侯爵が、ローマ王の宮廷長官シュターレムベルク侯爵や侍従長ウルジーン・ウント・ローゼンベルク伯爵、ニュルンベルクの代表団の介添えを受けながら、ローマ王レーオポルトに靴下、靴、手袋、ダルマティカ、アルバ、帯、ストラからなる戴冠式用の衣装を着せた。すでに述べたように、この衣装を着ることによってローマ王は高位聖職者と同等の神聖な存在になったものと見なされた。

戴冠式用衣装への着替えを終えたローマ王レーオポルトは、一緒に「選挙礼拝室」に入った一団とともに祭壇の前に戻り、再び祈祷用のクッションの上に跪いた。そのうしろにトリーア大司教とケルン大司教が立ち、さらにそのうしろに代役を務める五人の第一選挙大使が立った。残りの選挙大使は座席に引き上げた。

その後ローマ王が帝冠やその他の帝国権標を受け取る儀式が行われた。まずマインツ大司教が祈りを唱えたあと、トリーア大司教とケルン大司教が祭壇の南側にある帝国権標の台から「カール大帝の彎刀」を取って、抜き身でローマ王レーオポルトに手渡した。それに合わせてマインツ大司教が剣を受けよと言葉(ラテン語)をかけた。ローマ王がこの剣をザクセンの第一選挙大使シェーンベルク伯爵に手渡すと、ザクセンの第一選挙大使はこれを鞘に納め、ボヘミアの第一選挙大使コロレード・ヴァルトゼー伯爵とバイエルン・プァルツの第一選挙大使オーベルンドルフ伯爵の助けを借りて、ローマ王の腰につけた。

続いて補佐役の高位聖職者が祭壇に置かれていた指輪をマインツ大司教に渡し、マインツ大司教が指輪を受けよと言葉(ラテン語)をかけながらローマ王レーオポルトの指にそれをはめた。指輪も帝国権標のひとつでニュルンベルクにおいて保管されていたが、一六世紀に失われたので、その後は戴冠式のたびに作り直されていた。

次いで帝国世襲ケメラー代理のホーエンツォレルン・ジグマリンゲン侯爵がもっていた帝杓と、帝国世襲トゥルフゼスのツァイル・ウント・トラウフブルク伯爵がもっていた帝玉が、補佐役の高位聖職者の手を経てマインツ大司教に渡され、マインツ大司教が杓と玉を受けよと言葉(ラテン語)をかけながら帝杓をローマ王レーオポルトの右手に、帝玉を左手にもたせた。ローマ王はすぐに帝杓をブランデンブルクの第一選挙大使オステン・ザッケン侯爵に、帝玉をバイエルン・プァルツの第一選挙大使オーベルンドルフ伯爵に手渡した。さらにそれらは両大使から帝国世襲ケメラー代理のホーエンツォレルン・ジグマリンゲン侯爵と帝国世襲トゥルフゼスのツァイル・ウント・トラウフブルク伯爵の手に戻された。

次にザクセンの第一選挙大使シェーンベルク伯爵が、祭壇の南側にある帝国権標の台に置かれていた、ニュルンベルクから来た「儀式の剣」を抜いて、帝国世襲マルシャルのパッペンハイム伯爵に手渡し、帝国世襲マルシャルはそれまでもっていた「聖マウリティウスの剣」を台に戻した。そのあとブランデンブルクの第一選挙大使オステン・ザッケン侯爵が、ニュルンベルクの代表団の介添えを受けながら、帝国権標の台に置かれていた「プルヴィアーレ」（マント）をローマ王に着せた。

最後にマインツ大司教、トリーア大司教、ケルン大司教の三人が、帝国世襲財務長のジンツェンドルフ伯爵のもっていた帝冠を受け取って高く掲げ、マインツ大司教が支配の冠を受けよと言葉（ラテン語）をかけるなか、三人で帝冠をローマ王レーオポルトの頭に乗せた。

帝冠をかぶったローマ王は立ち上がってトリーア大司教、ケルン大司教とともに祭壇に進み、アーヘンから来た「聖福音集」に右手の三本の指（宣誓の指）を置いて最初にラテン語で、次にドイツ語で次のような戴冠の誓約を行った。

「われは神と天使の前で次のことを誓い、約束する。われは今日も今後も、法律と正義、また神の神聖な教会の平和を維持し、執行するであろう。われに従属している民にも、役に立ち、正義をもたらすであろうし、帝国の諸侯を含めた諸侯と忠臣の助言によって最もよく発見できる帝国の法を、神の慈悲を適切に考慮しながら、守ることを伝えるであろう。われはまた、わが主イエズス・キリストが助けと力と恩恵を与えてくださる限り、いとも神聖なローマ司教と神のローマ教会に適切な宗教的敬意を示すであろうし、皇帝と王によって教会と宗教関係の人びとのため集められ、与えられたものを弱めることなく維持し、維持されるよう手配するであろうし、また帝国の高位聖職者、諸身分、レーエンの配下にも適切な敬意を抱き、示すであろう。」

戴冠の誓約のあと、ローマ王レーオポルトがトリーア大司教とケルン大司教に導かれて十字交差部の中央の王座に戻ると、太鼓とトランペットの演奏が行われた。その後ミサの続きが始まり、福音書朗読が行われた。続いてトリーア大司教がアーヘンから来た「聖福音集」をローマ王に手渡し、ローマ王はそれに接吻した。この間にケルン大司教が散香を行った。

聖体拝領

続いて聖体拝領の準備が行われた。帝冠をかぶったローマ王レーオポルトは、再び帝国世襲

戴冠式用の衣装をつけたレーオポルト２世

ケメラー代理のホーエンツォレルン・ジグマリンゲン侯爵と帝国世襲トゥルフゼスのツァイル・ウント・トラウフブルク伯爵から帝杓と帝玉を受け取り、トリーア大司教、ケルン大司教、補佐役の高位聖職者たちに導かれて祭壇に進み、跪いて聖体皿に接吻した。その後帝杓と帝玉を帝国世襲ケメラー代理と帝国世襲トゥルフゼスに返し、マインツ大司教の差し出す鉢に金貨を入れたあと、中央の王座に戻った。トリーア大司教とケルン大司教が王座に戻ったローマ王の帝冠を脱がせて、クッションの上に置き、ハノーファーの第一選挙大使ボイルヴィッツ男爵が帝冠を取って帝国世襲財務長のジンツェンドルフ伯爵に渡した。

「平和の賛歌」（聖体拝領のときに歌われる）が始まると、トリーア大司教がローマ王レーオポルトに接吻用の十字架を渡し、ケルン大司教が聖水を差し出した。続いてトリーア大司教、ケルン大司教、補佐役の高位聖職者たちがローマ王を祭壇に導き、ローマ王はマインツ大司教からパンとワインによる聖体拝領を受けた。聖体拝領でワインを受けることは君主の特権であった。一般の俗人の聖体拝領ではパンのみが与えられた。その後ローマ王は中央の王座に戻り、トリーア大司教とケルン大司教によって再び帝冠をかぶせられた。

聖体拝領が終わると、ローマ王レーオポルトは三人の大司教、選挙大使、補佐役の高位聖職者、帝国世襲官とともに十字交差部の南東の隅にある王座のそばに移動した。一緒に移動した一団が整列する前で、三人の大司教がローマ王を王座に座らせ、マインツ大司教がこれより王の地位を保ち、維持せよと言葉（ラテン語）をかけた。

マインツ大司教が王座に座ったローマ王レーオポルトの前に進んで、選帝侯全員を代表して祝意を表し、ローマ王がそれに返礼した。

これで戴冠の儀式が終わったので、これ以後レーオポルトは皇帝レーオポルト二世ということになる。挨拶が終わってマインツ大司教が傍らに退くと、聖歌隊の合唱と太鼓とトランペットの演奏が始まり、教会の鐘が鳴らされ、祝砲が発射され、万歳の叫び声が起こった。この間に三人の大司教は内陣の北側の香部屋に退いて、大司教の服装から、選帝侯の服装に着替えた。

騎士叙任式

十字交差部の南東の王座に座った皇帝レーオポルト二世には、ザクセンの第一選挙大使シェーンベルク伯爵から、帝国世襲マルシャルのパッペンハイム伯爵がもっていた「儀式の剣」が手渡され、皇帝の最初の仕事として騎士叙任が行われた。

選帝侯はそれぞれ一二人の騎士叙任の候補者を推薦する権利をもっていた。騎士叙任には四世代前までの貴族の身分が必要であったが、帝国大マルシャルのザクセン公が事前にその審査を行った。一七九〇年には七八人が騎士叙任の候補者になった。それぞれの選帝侯が推薦する騎士叙任候補者の名簿はザクセン公から帝国大書記官のマインツ大司教に送られ、マインツ大司教が候補者全体の名簿を作成して、「帝国宮廷書記局」を実際に指揮していた帝国副書記官のフランツ・フォン・コロレード・マンスフェルト侯爵に送った。

最初に皇帝の上級近衛兵の隊長ロプコヴィッツ侯爵が騎士叙任候補者全体の名簿を読み上げ、そのあと皇帝の紋章官が個々の候補者の名前を三回呼んだ。呼ばれた候補者は皇帝の前に進んで跪き、皇帝レーオポルト二世が「儀式の剣」で候補者の右肩を三回打った。最初に騎士叙任を受ける特権をもっていたダールベルク家のヘリベルト・フォン・ダールベルク男爵は慣例にしたがって鋼鉄製の甲冑を着て現れた。もちろんこうした防具はすでに一七世紀には実用性を失っていた。

ダールベルク家はライン地方の貴族で、一四五二年に皇帝フリードリヒ三世（一四四〇〜九三）がローマに遠征し、ローマ教皇による皇帝戴冠式を行ったとき、皇帝に同行した同家のヴォルフ・フォン・ダールベルクがテーヴェレ川の橋の上で皇帝から最初に騎士叙任を受けた。これがきっかけになって、ダールベルク家は皇帝戴冠式のあと最初に騎士叙任を受ける権利を認められるようになったのである。

ダールベルク男爵のあと、他の騎士叙任候補者も次々に皇帝の前に進み出て騎士叙任を受けた。騎士叙任が続いているあいだ聖歌隊が「テ・デウム」を歌った。ニュルンベルクから帝国権標と戴冠式用衣装を運んで来た代表団のうち正使のショイエルル、トゥーハー、クレス、副使のハラーの四人もボヘミアの別枠推薦で騎士叙任に与った。ニュルンベルクの「都市貴族」はとりわけ貴族志向が強く、早くから市の周辺に領地を確保して、貴族身分を取得していた。

騎士叙任が終わると、皇帝レーオポルト二世は「儀式の剣」をザクセンの第一選挙大使シェーンベルク伯爵に渡し、十字交差部南東の王座から降りて中央の王座に戻った。そこにアーヘンの共同祭式団の会長が進み出て、以前からの慣例にしたがって皇帝がアーヘン大聖堂の共同祭式団に加えられたことを告げた。これに答えて皇帝はアーヘン大聖堂を保護するという誓約を行った。これで大聖堂における儀式はすべて終了した。

第八章　戴冠式後の行事

1. 公衆に姿を見せる皇帝

戴冠式行進

大聖堂での戴冠の儀式は午後四時に終わった。儀式の終了に合わせてフランクフルト市内の教会の鐘が一斉に鳴らされ、城壁では祝砲一〇〇発が発射され、大聖堂の外では見物人が歓呼の声を上げた。皇帝レーオポルト二世は大聖堂の北側の袖廊にある出入口（北玄関）から外に出て、帝冠と戴冠式用衣装を着けた姿で市庁舎へ向けて戴冠式行進を行った。

大聖堂から「マルクト」と呼ばれる通りを経て市庁舎に至る距離はおよそ二〇〇メートルであったが、そこにおよそ二万枚の板を使って三〇センチメートルほどの高さの木の通路が作られていた。木の通路の費用はフランクフルトの参事会が出した。木の通路の上には通路に沿って縦に黒、白、黄色の布が敷かれていた。これらの布の費用は皇帝が負担した。

市庁舎へ向かう皇帝レーオポルト二世の行列は、この木の通路の上を徒歩で行進した。戴冠式行進の行列には、大聖堂へ向かう往路の騎馬行列には加わっていなかった三人の聖職者の選帝侯とその供回り、代役の第一選挙大使以外の選挙大使も参加した。

最初に設営係や召使のグループ、次に宮廷役人や小姓のグループが進み、そのあとに政府や宮廷の高官、帝国伯爵、帝国諸侯のグループが続いた。そのうしろをケルン、トリーア、マインツ、皇帝の配下の順に太鼓手とトランペット手が音楽を演奏しながら行進した。それに続いて皇帝の紋章官が進み、さらに鞘に収めた剣をもった三人の大司教の世襲マルシャルと銀の竿に取りつけられた印章をもったマインツの聖堂参事会員が進み、そのうしろを選帝侯の八人の第一選挙大使が二人ずつ並んで行進した。

続いて五人の帝国世襲官が帝国権標とハープスブルク家の王冠をもって行進し、次にトリーア大司教クレーメンス・ヴェンツェスラウスが進み、そのうしろを皇帝レーオポルト二世が進んだ。皇帝には天蓋がさしかけられ、天蓋の八本の竿をフランクフルトの参事会員八人が支えた。皇帝の右側をマインツ大司教フリードリヒ・カール・ヨーゼフ、左側をケルン大司教マクシミーリアーン・フランツが皇帝の「プルヴィアーレ」の裾をもって進んだ。そのうしろに皇帝の宮廷長官シュターレムベルク侯爵と上級近衛兵の隊長ロプコヴィッツ侯爵が続き、さらに選帝侯の第二選挙大使と第三選挙大使がハノーファーを先頭にして続いた。

行列の両側を皇帝の上級近衛兵と下級近衛兵が行進し、行列の末尾を三人の大司教の近衛兵が行進した。末尾の近衛兵が通過すると、すぐに見物の群衆が木の通路に殺到して、木材や布を剥がしてもち去った。混乱を回避する警告は出されたが、だれももち去りを制止しなかった。

市庁舎へ到着すると、三人の大司教が皇帝レーオポルト二世を先導して、「レーマー」の一階の玄関ホールから「皇帝階段」をのぼって「ゴルデナー・シュヴァーン」の二階にある皇帝の控室になっていた「選挙会議室」まで皇帝を案内した。帝国権標などは「選挙会議室」のテーブルの上に並べられた。その後三人の大司教はそれぞれの控室になっていた丸天井広間の北側にある三つの部屋に退去し、選挙大使も自らの控室に入った。しばらくすると、大司教と選挙大使が再び「選挙会議室」にやって来て、皇帝や帝国世襲官とともに「レーマー」の二階の「戴冠式宴会室」に移った。

「戴冠式宴会室」の東側はレーマーベルクに面しており、窓から広場を一望することができた。この部屋には東側に五つの窓があったが、中央の窓は天蓋の一部でふさがれていて、残りの四つの窓から外を見ることができた。この四つの窓のそばに皇帝レーオポルト二世（東面して中央右）、マインツ大司教とトリーア大司教とケルン大司教の三人（中央左）、ボヘミアの第一選挙大使とバイエルン・プファルツの第一選挙大使の二人（右端）、ザクセンの第一選挙大使とブランデンブルクの第一選挙大使とハノーファーの第一選挙大使の三人（左端）がそれぞれ並んで立った。皇帝はまだ帝冠をかぶり、戴冠式用衣装を着ていたが、さらに帝杓と帝玉が渡された。皇帝の家族やナポリ・シチリア王夫妻にも、広場の様子を見るために市庁舎の南隣の「リムプルク」と呼ばれる建物に席が用意された。

「帝国大官」の余興

皇帝レーオポルト二世、三人の大司教、五人の代役の第一選挙大使が市庁舎の二階の「戴冠式宴会室」の窓ぎわに姿を現したあと、その下の広場レーマーベルクでは皇帝戴冠を見物人とともに祝うための「帝国大官」の余興が行われた。余興の舞台はすでに整えられていた。

戴冠式の日取りが決まると、レーマーベルクでは余興の準備作業が始まり、木造の小屋が作られた。戴冠式の二日前の一〇月七日にはからだじゅうに金色や銀色の飾りをつけた雄牛が市内を引き回され、屠殺された。この牛は鉄の串に刺され、からだに小動物が差し込まれて、小屋のなかで四人の肉屋によって二日かけて直火で丸焼きにされた。また戴冠式の当日には小屋の近くにカラスムギの山が作られた。さらに広場には赤ワインと白ワインが流れ出る泉が設置され、皇帝のしるしである双頭の鷲の飾りが取りつけられた。泉には広場に隣接する家屋から地下のパイプでワインが供給され、見物人にワインとパンが配られた。

「帝国大官」の余興の一番手として、帝国大マルシャルのザクセン公の代理を務める帝国世襲マルシャルのパッペンハイム伯爵が皇帝の下級近衛兵とともに「戴冠式宴会室」から降りて来て市庁舎の玄関に現われた。伯爵は太鼓とトランペットが演奏されるなかで馬に乗り、カラスムギの山の中に馬を乗り入れた。カラスムギは馬の腹の高さまで積み上げることになっていた。伯爵は馬に乗ったまま手にもった銀の計量桝でカラスムギをすくい取り、銀の棒で余分なカラスムギを払い落した。その後伯爵は枡を空にして市庁舎に駆け戻り、再び「戴冠式宴会室」に入った（以前はカラスムギを皇帝のテーブルまでもち帰った）。この行動は貢納を適正に徴収することを象徴していた。

続いて帝国大ケメラーのブランデンブルク辺境伯の代役を務める第一選挙大使のオステン・ザッケン侯爵が皇帝の下級近衛兵とともに「戴冠式宴会室」から降りて来て馬に乗り、太鼓とトランペットが演奏されるなか、「正義の泉」のそばに置かれたテーブルに近づいた。大使はテーブルの上の手洗いボール、水差し、手ぬぐいを取って市庁舎に駆け戻り、それらを「戴冠式宴会室」の皇帝のテーブルに運んだ。

次に帝国大トゥルフゼスのバイエルン公兼ライン宮中伯の代理を務める帝国世襲トゥルフゼスのツァイル・ウント・トラウフブルク伯爵が皇帝の下級近衛兵とともに市庁舎の玄関に降りて来て馬に乗り、太鼓とトランペットが演奏されるなか、木造の小屋に近づいた。小屋で焼かれていた牛から肉片が切り取られ、蓋つきの銀の皿に載せて伯爵に渡されると、伯爵は皿をもって市庁舎に駆け戻り、「戴冠式宴会室」の皇帝のテーブルまで皿を運んだ。

次いで帝国大シェンクのボヘミア王の代理を務める帝国世襲シェンクのアルトハン伯爵が皇帝の下級近衛兵とともに市庁舎の玄関に降りて来て、太鼓とトランペットが演奏されるなか、馬に乗って広場に置かれた白い布をかけたテーブルに近づき、テーブルの上のワインと水の入った銀の容器を取って、「戴冠式宴会室」の皇帝のテーブルまで持ち帰った。

当初の「帝国大官」の余興はここまでであったが、一六四八年に三〇年戦争が終わってライン宮中伯の息子が新たに八人目の選帝侯に任命された際に、帝国大財務長という官職が創設され、その余興も行われることになった。

ただし帝国大財務長職の保有者はその後変化した。スペイン継承戦争に絡んで一七〇六年にバイエルン選帝侯が選帝侯位を剥奪されると、ライン宮中伯は帝国大財務長の役職を放棄して帝国大トゥルフゼスの職務を取り戻した。バイエルン選帝侯が復権した一七一四年以降、帝国大トゥルフゼスをめぐる両者の対立が続いたが、一七七七年にバイエルン選帝侯の家系が断絶し、ライン宮中伯がその遺領を相続したことによって争いは終わった。

一方、ハノーファー選帝侯が一六九二年に新たに九人目の選帝侯に任命された際には、帝国大軍旗手という官職が作られた。しかし一七〇六年にライン宮中伯が帝国大財務長の職務を放棄すると、ハノーアー選帝侯は帝国大軍旗手の官職を手放して、帝国大財務長の職務を手に入れた。

一七九〇年の戴冠式の際にも帝国大シェンクの余興に続いて、この帝国大財務長の余興が行われた。「戴冠式宴会室」から皇帝の下級近衛兵とともに、帝国大財務長のハノーファー選帝侯の代理を務める帝国世襲財務長のジンツェンドルフ伯爵が市庁舎の玄関に降りて来て馬に乗り、トランペットと太鼓が演奏されるなかをレーマーベルクの中央に進んだ。そのあと伯爵は鞍の両側に下げた袋から金貨や銀貨を取り出して周囲の見物人にばら撒き、最後には袋も投げて、市庁舎に駆け戻った。

この種の余興はオットー大帝の時代から行われており、一三五六年の「金印勅書」にも「帝国大官」の官職を帯びた四人の俗人の選帝侯がこれらの余興を行うべきことが規定されていた。しかし一七世紀には次第に俗人の選帝侯が選挙や戴冠式に出席しなくなったために、余興は「帝国大官」の職務の代行者である帝国世襲官や選挙大使の仕事になっていた。

余興が終わると、見物の群衆が残されたカラスムギの山や木造の小屋の丸焼きの牛に殺到し、それらを奪い合った。ただし牛の多くは肉屋に奪い取られた。広場から牛肉、ワインなどを「戴冠式宴会室」にもち帰る余興は新しい皇帝が見物人と戴冠式宴会を共にするという意味をもっており、また余興の一部としての貨幣のばら撒き、特設の泉でのワインやパンの配布、余興後のカラスムギや牛の提供は新しい皇帝の気前の良さを表す行事でもあった。実際に新しい皇帝がカラスムギ、牛、ワイン、パンなどの費用を支払った。また余興を実行した帝国世襲官などには皇帝から使用した馬や馬具や銀器が与えられた。

2. 戴冠式宴会

代理を排除した宴会

「帝国大官」の余興が終わると、皇帝レーオポルト二世は大司教、選挙大使、帝国世襲官とともにいったん「選挙会議室」に引き上げ、「戴冠式宴会室」では宴会の準備が行われた。「戴冠式宴会室」の東の端には天蓋が吊るされ、その下に四段の壇が設けられ、壇の上には皇帝のテーブルと肘掛けつきの椅子が置かれていた。また「戴冠式宴会室」の北と南の壁ぎわと皇帝の天蓋の前にも天蓋が吊るされ、皇帝のものより低い、一段の壇が置かれ、その上に選帝侯のためのテーブルと肘掛けつきの椅子が用意されていた。

さらに皇帝のテーブルの横の壁ぎわや選帝侯のうしろの壁ぎわには、豪華な揃いの食器を収納するための非常に背の高い巨大な食器棚が置かれていた（ただし部屋の中央部のトリーアの食器棚は皇帝の視線を遮らないようにするため低かった）。これらの食器棚やその中の食器は皇帝や選帝侯がそれぞれの領邦からわざわざ運ばせたものであった。こうした食器棚は一四世紀以降君主などが主催する宴会では不可欠の備品と見なされていた。当初は貴重な食事用具の保管に使われていたが、一六世紀以降は食器の収納用になり、次第に背が高くなった。しかし一九世紀に入ると急速に廃れ、見られなくなった。

皇帝のテーブルの前方に用意された選帝侯のテーブルの席順は北の壁ぎわの皇帝に近い方からマインツ大司教、ボヘミア王、バイエルン公兼ライン宮中伯、ブランデンブルク辺境伯、南の壁ぎわの皇帝に近い方からケルン大司教、ザクセン公、ハノーファー選帝侯、皇帝の席の前にトリーア大司教となっていた。ただし一三五六年の「金印勅書」は宴会で代理人が主人の席に座って食事をとることを禁止していたので、欠席している俗人の選帝侯の席が実際に利用されることはなかった。

皇帝の座席の正面に設けられたトリーア大司教の座席のうしろには、帝国諸侯のためのテーブルと肘掛けのない椅子が置かれていた。しかし選帝侯と同等の取り扱いという要求が認められなかったため、帝国諸侯も一七四二年の皇帝カール七世の即位以降は戴冠式宴会に出席しなくなっていた。

宴会の準備が終わると、皇帝レーオポルト二世が三人の大司教と五人の代役の第一選挙大使に先導されて、帝国権標などをもった帝国世襲官とともに再び「戴冠式宴会室」に現われて席に着き、宴会が始まった。最初に帝国世襲シェンクのアルトハン伯爵が皇帝の帝冠を脱がせて、他の帝国権標などとともに近くのクッションの上に置いた。次にブランデンブルクの第一選挙大使オステン・ザッケン侯爵が、レーマーベルクのテーブルからもって来た手洗いボール、水差し、手ぬぐいを皇帝に差し出した。これらの道具を使った食事の前後の手洗いは食事を手掴みで行っていた頃の名残であったが、近世には君主の特権になっており、戴冠式宴会では皇帝にしか認められなかった。

皇帝レーオポルト二世が手洗いを終えたあと、三人の大司教がマインツを中央、皇帝の右手にトリーア、左手にケルンという順序で皇帝のテーブルの前に並んで「食卓の祈り」を唱えた。その後三人の大司教は銀の竿についた印章を取り出して皇帝に見せた。マインツ大司教フリードリヒ・カール・ヨーゼフだけは自分の印章を竿から外してテーブルの上に置いた。しかし皇帝はすぐに印章をマインツ大司教に返した。

すでに述べたように、マインツ大司教は古くからドイツ担当の帝国大書記官という官職を帯びていた。これは神聖ローマ帝国において皇帝に次ぐ地位で、「帝国宮廷書記局」を指揮する権限がこの官職に属していた。中世末期にはすでに帝国大書記官の職務は形式化し、実際には帝国副書記官と呼ばれる代行者が「帝国宮廷書記局」を管理するようになっていたが、マインツ大司教はその後も帝国大書記官の地位を保持していた。

マインツ大司教フリードリヒ・カール・ヨーゼフが差し出した印章は帝国大書記官の地位を象徴するものであり、その返却を受けることによってマインツ大司教は皇帝に帝国大書記官の地位を確認してもらったのである。マインツ大司教は食事のあいだ印章を首に下げ、後日、実際に「帝国宮廷書記局」を指揮する帝国副書記官のコロレード・マンスフェルト侯爵に印章を渡した。

マインツ大司教が印章を受け取ると、三人の大司教は席に戻り、食事が始まった。皇帝と帝国諸侯の食事の給仕は皇帝の食事係が行ったが、三人の大司教は自前の食事係の給仕を受けた。欠席している俗人の選帝侯や帝国諸侯の席にも料理が運ばれたが、実際にこれらの料理が食べられることはなかった。選挙大使は宴会において選帝侯の代理を務めることはできなかったので、市庁舎から退出して外で食事をとった。しかし第一選挙大使にはまだ仕事があったので、「戴冠式宴会室」での食事が終わる前に市庁舎に戻って来た。

宴会の料理は市庁舎内ではなく、市庁舎から少し北に離れた、もとの跣足修道院の南に隣接する「施物部」の中庭に設けられた仮設の調理場で作られていた。皇帝と帝国諸侯の料理はそこから、帝国世襲トゥルフゼスのツァイル・ウント・トラウフブルク伯爵とその他の出席している帝国伯爵が行列を作って「戴冠式宴会室」のテーブルまで運んだ。一七九〇年のレーオポルト二世の戴冠式には三六人の帝国伯爵が出席していた。皇帝の紋章官、皇帝の二人の下級近衛兵、杖をもった帝国世襲マルシャルのパッペンハイム伯爵が料理を運ぶ帝国伯爵の行列を先導した。大司教の料理は皇帝の下級近衛兵とそれぞれの大司教のマルシャルが先導して、それぞれの大司教の高官によって上記の仮設の調理場から「戴冠式宴会室」まで運ばれた。帝国世襲シェンクのアルトハン伯爵は皇帝のテーブルで飲み物の世話をした。戴冠式宴会が終わったあと、帝国伯爵たちは「選挙会議室」に用意されたテーブルと椅子で食事をとった。

近衛兵などの先導で高い地位の者が行列を作って皇帝や選帝侯の料理を運ぶこのような光景は、戴冠式宴会に限られた特異なものではなく、当時の日常の食事でも、君主やその招待客の食べる料理は警備要員の先導を受けてトゥルフゼスなどの宮廷官職を帯びた貴族によって行列を作って厨房から食堂まで運ばれ、給仕頭に手渡されていた。

「戴冠式宴会室」での食事が終わると、ブランデンブルクの第一選挙大使オステン・ザッケン侯爵が再び皇帝レーオポルト二世に手洗いボール、水差し、手ぬぐいを差し出し、皇帝の手洗いが行われた。全員が立ち上がったあと、三人の大司教が皇帝のテーブルの前に進んで「感謝の祈り」を唱えた。祈りが終わると、帝国世襲シェンクのアルトハン伯爵によって皇帝の頭に再び帝冠がかぶせられた。その後皇帝、大司教、第一選挙大使はそれぞれの控室に退いた。「戴冠式宴会室」のテーブルクロスなどは部屋に残っていた召使がもち去るにまかされた。

市庁舎からの退去

午後六時に皇帝の市庁舎からの退去が行われた。最初に第一選挙大使がそれぞれ馬車に乗って供回りとともに皇帝の宿舎「クローンシュテッテン基金」の屋敷に向かい、五人の帝国世襲官がそれぞれ帝国権標などをもって騎馬でそれに続いた。そのうしろをトリーア大司教クレーメンス・ヴェンツェスラウスの馬車、皇帝レーオポルト二世の馬車、マインツ大司教フリードリヒ・カール・ヨーゼフの馬車、ケルン大司教マクシミーリアーン・ヨーゼフの馬車がそれぞれ供回りの先導を受けて進んだ。大司教と第一選挙大使は皇帝の宿舎に入って部屋の中まで皇帝につき添い、暇乞いをして自分の宿舎に戻った。

戴冠式が終わったあと大聖堂に残された帝国権標の一部は、アーヘンとニュルンベルクの代表団の構成員がそれぞれの宿舎に持ち帰った。「戴冠式宴会室」での宴会と並行して、市庁舎内の参事会会議室では皇帝とフランクフルト市が用意した、アーヘンとニュルンベルクの代表団およびフランクフルトの参事会員のための宴会が行われていたが、皇帝が身に着けていた残りの帝国権標と戴冠式用衣装の返却を受けるため、皇帝の市庁舎からの退去の行列とともに、アーヘンとニュルンベルクの代表団もそれぞれ皇帝の宿舎「クローンシュテッテン基金」の屋敷に向かった。役目を終えた帝国権標と戴冠式用衣装を受け取った代表団はそれらを箱に入れ、供回りとともに行列を作ってそれぞれの宿舎へ持ち帰った。その後アーヘンとニュルンべルクの代表団は再び参事会会議室の宴会に加わった。

皇帝レーオポルト二世が宿舎に戻ったあと、大司教や選挙大使の宿舎では皇帝の戴冠を祝うイルミネーションが行われた。

宿舎の外壁に皇帝を称える絵や文章を書いた板や幕、アーチ状の装飾などが取りつけられ、まわりに数多くのランプが設置されてそれらを照らし出した。宿舎の周辺は大勢の見物人で賑わった。午後八時頃には皇帝一家も馬車を連ねて市中のイルミネーションを見て回った。イルミネーションは翌日の朝六時まで続けられた。

一方、皇帝の側では、戴冠を祝って選挙と戴冠にかかわった貴族への新しい身分や地位の授与を行った。戴冠式のその日に、帝国議会によって制約されない皇帝の権限（皇帝留保権）にもとづいて、四人の帝国伯爵が帝国侯爵に取り立てられた。そのうちのひとりが侍従長のウルジーン・ウント・ローゼンベルク伯爵である。その後さらに二一人がオーストリアの枢密顧問官に、三五人がオーストリアの侍従に、二人がオーストリア軍の元帥に任命された。

オーストリアの枢密顧問官に任命された者の中には、マインツの第一選挙大使フェヒェンバッハ男爵、マインツの第二選挙大使ヴェストファーレン男爵、トリーアの第一選挙大使ヴァルデルンドルフ伯爵、ケルンの第一選挙大使エッティンゲン伯爵、ケルンの第二選挙大使ヴァルデンフェルス男爵、帝国世襲マルシャルのパッペンハイム伯爵なども含まれていた。ただしオーストリアでは、枢密顧問官と侍従は一八世紀には、君主と直接話ができるなどの特典はあるものの、ほとんど実務がなく、俸給も出ない名誉官職になっていたので、これによって彼らがオーストリアに勤務先を変えたというわけではなかった。

3. 領邦への帰還

退去までの行事

戴冠式のあとも、フランクフルトにはしばらくのあいだ皇帝レーオポルト二世やその家族、ナポリ・シチリア王夫妻、三人の聖職者の選帝侯、選挙大使、帝国世襲マルシャルなどが滞在し、行事が催された。戴冠式の翌日の一〇月一〇日にはフランクフルト在住のユダヤ人の代表が皇帝の宿舎「クローンシュテッテン基金」の屋敷を訪れて引見を受け、夜にはユダヤ人街で祝賀のイルミネーションが行われた。

一〇月一一日には皇帝レーオポルト二世は家族やナポリ・シチリア王夫妻、三人の大司教などをともなって、警備のためフランクフルトの北東のベルガー・ヴァルテで野営していたヘッセン・カッセル地方伯ルートヴィヒ九世のもとを訪れて労をねぎらった。ヘッセン・カッセル軍は皇帝一行の前で模擬戦を行い、大勢の見物人も押しかけた。そのあと皇帝の一行はヘッセン・カッセル地方伯とともに昼食を取った。皇帝一家が一〇月一六日にフランクフルトを去ったあと、一〇月一七日には役目を終えたヘッセン・カッセル軍も撤退した。

一〇月一二日にはフランクフルトの大聖堂において、ケルン大司教マクシミーリアーン・ヨーゼフの侍従で、スイス人衛兵の隊長を務めるヨハン・フォン・アンドラウ男爵を新たな構成員としてドイツ騎士団に加えるための騎士叙任の儀式が催された。旧市街とザクセンハウゼンを結ぶ石造りの橋の南詰にあるドイツ騎士団の館から儀式の会場となる大聖堂まで、多数の徒歩や騎馬の召使、馬に乗り軍旗をもった多数の騎士団の騎士、馬に乗ったケルン大司教のスイス人衛兵、三〇台近くの馬車が行列を作って進んだ。ドイツ騎士団の総長を兼ねるケルン大司教も騎士団総長の服装で馬に乗って行列に加わった。

すでに述べたように、選挙と戴冠の期間には、中世以来の慣例にしたがって幾つかの行列では特に身分の高い者は騎馬で移動した。しかし馬が暴れて振り落とされる可能性があり、実はこれはかなり危険な行為であった。ドイツ騎士団の館から大聖堂への行進では実際にケルン大司教が落馬したが、幸い怪我をせずに済んだ。

大聖堂ではマインツ大司教フリードリヒ・カール・ヨーゼフとマインツ大聖堂の聖堂参事会員がケルン大司教の一行を出迎えた。フランクフルトの大聖堂はマインツ大司教の監督下にある教会であり、ここでマインツ側も関与して儀式を行うことによって、ドイツ騎士団とマインツ大司教区の友好関係が再確認されたのである。儀式には皇帝レーオポルト二世とその家族、ナポリ・シチリア王夫妻、トリーア大司教なども参列した。儀式が終わると、ケルン大司教は再び行列を作ってドイツ騎士団の館に戻り、その後ドイツ騎士団の館で貧困者への施しや、マインツ大司教とマインツの聖堂参事会員を交えての騎士団の宴会が行われた。

この日はまたケルン大司教マクシミーリアーン・ヨーゼフの霊名の祝日（名前をもらった聖人マクシミーリアーンの祝日）に当たっていたので、夜にはトリーア大司教クレーメンス・ヴェンツェスラウスがケルン大司教を招いて、自分の大型ヨットと随行の船でイルミネーションと大宴会を催した。多くの見物人がマイン河港を訪れ、皇帝レーオポルト二世と家族も食事にやって来た。すでに寒気が訪れていたので、皇妃マリーア・ルドヴィーカ、ナポリ・シチリア王フェルナンド四世、老齢のマインツ大司教は欠席した。

一〇月一三日にフランクフルトの新しい皇帝への臣従式が行われたあと、一〇月一四日には三人の大司教も出席して市庁舎の「選挙会議室」で最後の選挙会議が開かれた。選帝侯のあいだには一四世紀から互助同盟が存在していたが、一五五八年以降この同盟は恒常的な規約をもつようになった。一〇月一四日の会議はこの規約を確認し、順守を誓約するためのものであった。マインツ大司教、トリーア大司教、ケルン大司教は自ら誓約を行い、委任状をもったボヘミア、ザクセン、ブランデンブルクの第一選挙大使も誓約を行った。プファルツとハノーファーの選帝侯は一七六四年のヨーゼフ二世の選挙と戴冠の際にすでに誓約を済ませていた。

フランクフルト市の臣従式

日は前後するが、一〇月一三日には戴冠式に関連する公式行事として新しい皇帝に対するフランクフルト市の臣従式が行われた。新しい皇帝に対して特別に臣従の儀式を行うことは、選挙と戴冠の場所を提供し、それらの儀式の進行にも協力したフランクフルトの特典と見なされていた。ただしフランクフルトの市民（市民権保有者）が帝国の住民を代表して臣従したわけではなく、ひとつの都市共同体としての臣従である。

臣従式の二日前の一〇月一一日にフランクフルトのすべての広場において、太鼓とトランペットを演奏しながら、来たる一〇月一三日にレーマーベルクで皇帝への臣従式を行うことが布告された。一〇月一三日には午前七時から八時のあいだフランクフルト市内の教会の鐘が鳴らされ、市民に臣従式への参加を促した。皇帝の宿舎「クローンシュテッテン基金」の屋敷を警備していた市民軍の兵士も、儀式への参加のため守備隊の兵士と交替した。

午前一〇時に皇帝レーオポルト二世が供回りとともに馬車で市庁舎に到着し、臣従式が始まった。参事会員と市の幹部職員である法律顧問官、参事会書記官の臣従は「レーマー」の二階の「戴冠式宴会室」で行われた。「戴冠式宴会室」の中央に王座が設けられ、そこにスペイン風の儀式用の衣服を着た皇帝が座った。帝国世襲マルシャルのパッペンハイム伯爵が皇帝のそばに立ち、皇帝の宮廷の高官も皇帝のまわりに立った。臣従式で発言する帝国副書記官（「帝国宮廷書記局」の事実上の長官）のコロレード・マンスフェルト侯爵と帝国宮廷書記局次長のフランツ・フォン・アルビーニ男爵は皇帝の前に立った。上級近衛兵がまわりで警備についた。

参事会員と幹部職員は三列になって皇帝と対面する形で皇帝の前に並んだ。帝国副書記官のコロレード・マンスフェルト侯爵が参事会員と幹部職員に対して臣従を求める発言を行い、フランクフルトのこれまでの特権をすべて認める用意があることを告げた。参事会員と幹部職員は左膝をついてこの言葉を聞き、市の法律顧問官ゼーガーが王座に数歩近づいて、やはり左膝をつきながら、臣従を約束する発言を行った。

これに対して帝国副書記官コロレード・マンスフェルト侯爵が応え、皇帝の名前でフランクフルト市のこれまでの特権をすべて保証することを約束した。続いて帝国宮廷書記局次長のアルビーニ男爵が臣従誓約の文章を読み上げた。帝国副書記官が参事会員と幹部職員に臣従誓約の文言がよく理解できたかと聞くと、参事会員と幹部職員は然りと答え、右手の三本の指（宣誓の指）をあげて臣従誓約の文章を繰り返した。誓約のあいだ、皇帝レーオポルト二世は帽子を取り、帝国世襲マルシャルのパッペンハイム伯爵から渡された抜き身の剣をもった。誓約が済むと、参事会員と幹部職員は膝を曲げて皇帝に挨拶し、「戴冠式宴会室」を離れて市庁舎の前に出た。

「レーマー」のレーマーベルクに面した東側の壁には仮設のバルコニーが作られ、そこに王座が置かれ、天蓋が張られていた。皇帝が「戴冠式宴会室」の窓から仮設のバルコニーに出て王座に座ると、帝国副書記官のコロレード・マンスフェルト侯爵と帝国宮廷書記局次長のアルビーニ男爵がその前に立った。レーマーベルクにはフランクフルト市内の一四の「街区」ごとに市民が集まっていた。市民は儀式用のマントを着用していた。

帝国副書記官のコロレード・マンスフェルト侯爵がバルコニーの上からレーマーベルクの市民に向かって「戴冠式宴会室」で行ったのと同じ内容の臣従を求める発言を行い、帝国宮廷書記局次長のアルビーニ男爵が臣従誓約の文章を読み上げた。続いて帝国副書記官が文言をよく理解できたかと尋ねると、集まった市民は大きな声で然りと答えた。皇帝レーオポルト二世が再び帝国世襲マルシャルのパッペンハイム伯爵の手渡した抜き身の剣をとると、市民は臣従誓約の文章を繰り返した。その後万歳の声が起こり、城壁では一〇〇発の祝砲が発射された。皇帝の家族やナポリ・シチリア王夫妻もこの臣従式を市庁舎の南隣の「リムプルク」と呼ばれる家屋で見物した。

一〇月一五日にはフランクフルト在住のユダヤ人の臣従式も行われた。この日ユダヤ人街の出入口に面した「砲兵哨舎」の庭にユダヤ人が集まって、新しい皇帝への臣従を誓約した。臣従の誓約は皇帝レーオポルト二世本人ではなく、皇帝から派遣された四人の代理が受け、フランクフルトの参事会の代表、法律顧問官のボルケとゼナートルのモールスの二人がその場に立ち会った。皇帝側はユダヤ人の皇帝への臣従が市内在住ユダヤ人に対するフランクフルトの支配権を侵害するものではないことを何度も明言した。

皇帝以下フランクフルトを去る

フランクフルトは帝国直属の都市ではあったが、皇帝の本拠地でも選帝侯の本拠地でもなく、単なる儀式の場である。おまけにフランクフルトには大きい建物が少なく、宮廷生活を円滑に営む場所の確保もむずかしかった。このため、選挙と戴冠に関連する一連の行事が終わると、皇帝も選帝侯も速やかにフランクフルトを離れ、それぞれの領邦国家に帰っていった。

一〇月一六日午前八時に、皇帝レーオポルト二世は家族や供回りとともにフランクフルトを発ち、ウィーンに戻った。皇帝一家は五台の六頭立ての馬車に乗り、宿舎を離れた。郵便ラッパを吹く郵便騎手と帝国郵便局長の一団が皇帝の一行を先導した。市民軍のすべての部隊が皇帝の一行とともに市内を行進し、城門の外での送迎を担当する騎馬の参事会の代表、参審員のホルツハウゼン、ゼナートルのモールス、ヴィレマーの三人が市民軍騎馬隊三個中隊とともに城門の外まで出て皇帝の行列を見送った。城壁では三〇〇発の礼砲が発射された。

翌一〇月一七日にはトリーア大司教クレーメンス・ヴェンツェスラウスが、妹のエッセン女子大修道院長マリーア・クニグンデとともに大型ヨットでフランクフルトを離れた。一〇月一八日にはマインツ大司教フリードリヒ・カール・ヨーゼフがマインツに戻った。皇帝や大司教の退去と前後して選挙大使やその他の儀式の関係者も順次フランクフルトを去った。

皇帝一家とともに戴冠式に来ていたナポリ・シチリア王フェルナンド四世は病気になり、フランクフルトに留まっていたが、一〇月二八日に王妃マリーア・カロリーナとともにウィーンに向けて旅立った。同じ日に、王の病状を見届けるために残っていた義弟のケルン大司教マクシミーリアーン・フランツも、ネーデルラント総督アルベールと夫人のマリー・クリスティーヌをともなってボンに戻った。こうしてフランクフルトにおける選挙と戴冠の日々は終わりを告げた。

終わりに

神聖ローマ皇帝レーオポルト二世の選挙と戴冠を記録した『現在栄光ある統治をしておられるレーオポルト二世皇帝陛下のローマ王選挙と皇帝戴冠の完全な日誌』には、この選挙と戴冠に外部からおよそ一〇万人がフランクフルトに集まったと記されている(二四八ページ)。この数字自体はかなり誇張されたものであろうが、多数の人間が選挙と戴冠式の期間にフランクフルトに押し寄せたことは確かである。最近の研究では、前回のヨーゼフ二世の選挙と戴冠(一七六四)に関して、人口およそ三万五〇〇〇人のフランクフルトにおよそ三万人の外来者がやって来たのではないかと推定されている。

フランクフルトに集まった外来者の一部は、儀式の主役である皇帝と三人の聖職者の選帝侯およびその供回りである。すでに述べたように、レーオポルト二世の選挙と戴冠にマインツ大司教はおよそ八〇〇人を連れて来た。選帝侯の代理を務める選挙大使やパッペンハイム伯爵のような帝国の役職者もそれぞれ供回りを連れてやって来た。その他の帝国諸侯や帝国伯爵も供回りとともに集まった。またこうした儀式の参加者の家族も一緒にやって来た。

しかし儀式の参加者とその家族、供回りのみで何万人もの人数に達したとは考えられない。むしろ儀式の単なる見物人が多数を占めていたものと見られる（その他に見物人目当ての物売りや芸能者もやって来た）。こうした見物人は宿泊施設に泊まったり、儀式関係者の強制下宿の対象にならなかった民家に泊まったりしたが、なかには市内で宿を確保することができずに路上で寝泊まりする者や、周辺の村にあふれ出す者もあった。

ところで、フランクフルトに集まったこれらの膨大な数の見物人は何を見たのであろうか。ローマ王のフランクフルトへの入城行列、戴冠式前のローマ王の宿舎から大聖堂への騎馬行列、また戴冠式後の皇帝の大聖堂から市庁舎への戴冠式行進、それに続くレーマーベルクでの「帝国大官」の余興、戴冠式宴会後の皇帝の市庁舎からの退去、これらは単なる見物人にも見ることができた。むしろ見せることを意図してこれらは行われていた。戴冠式後の大聖堂から市庁舎への戴冠式行進、「帝国大官」の余興、戴冠式宴会後の市庁舎からの退去には、皇帝や選帝侯は戴冠式の装束や選帝侯の衣装を着けて姿を現した。

選帝侯のフランクフルトへの入城は以前に比べるとかなり質素になっていたが、トリーア大司教は大型ヨットでの来訪という目立つ入城を行った。フランクフルトに来たあとも選帝侯や選挙大使は表敬訪問や選挙会議への出入りのために供回りとともに長い行列を作って馬車で市内の狭い通りを頻繁に移動した。これらの選帝侯や選挙大使の行列も見物の対象になった。その他に選挙や戴冠の祝賀行事として花火やイルミネーションなども繰り返し行われており、これらも見物することができた。

選挙の日にはフランクフルトの城門は閉鎖され、外来者の締め出しが布告されたので、市庁舎と大聖堂のあいだを往復する選帝侯や代役の選挙大使の騎馬行列を見ることができたのは、フランクフルトの住民(ただし市民や居留民には市民軍の兵士として警備の仕事があった)、選挙関係者の家族、選帝侯と帝国世襲マルシャルの保護下にある有力者に限られていたが、選帝侯や帝国世襲マルシャルの被保護者はかなりの数に上った。

このように選挙と戴冠の期間にフランクフルトに集まった外来者には、一部に制限はあったものの、さまざまな見物の対象があった。それらの多くは大規模で、豪華なものであり、見物人を満足させたものと思われる。しかし単なる見物人には見られないものがあった。選挙と戴冠式の本体がそれである。単なる見物人は選挙と戴冠式の会場である大聖堂に出入りする皇帝(ローマ王)や選帝侯や代役の選挙大使の行列を見ることはできたが、大聖堂のなかで彼らがどのような儀式を行っているのかを目にすることはなかったのである。

選挙は選帝侯、代理の選挙大使、供回り、聖職者、音楽隊、帝国諸侯や帝国伯爵のみの儀式であった。一方、戴冠式には皇帝(ローマ王)、選帝侯、代理の選挙大使、帝国世襲官、供回り、聖職者、音楽隊、帝国諸侯や帝国伯爵が参加した。どちらの儀式でも儀式関係者の家族や見物人の一部が大聖堂に入った。ただし大聖堂に入ることができた見物人は選帝侯や帝国世襲マルシャルとのあいだに手づるをもつ有力者に限られていた。こうした見物人には入場券が配られたが、一〇〇〇グルデンの大金（一クロイツァーでリンゴやナシを一個買うことができた。一グルデンは六〇クロイツァー）を積んでも入場券を入手できなかったという話もある。入場券をもった見物人も不特定多数の観客ではなく、ある種の縁故者というわけである。彼らは大聖堂の外の単なる見物人とは異なった存在であった。

選挙や戴冠式では参加者は古くから伝えられた所作を行うことによってそれぞれの役割を演じた。皇帝は神を畏れる良き君主、選帝侯や代役の選挙大使は神の導きで良き君主を選ぶ臣下の代表、また戴冠式では君主に身近で奉仕する近臣（のちには選挙大使や帝国世襲官がこの役割を代行）、聖職者は神の加護の仲介者、帝国諸侯や帝国伯爵は新しい君主を喝采で認め、臣従する臣下という役割である。聖職者の選帝侯は服を着替えることで聖職者と選帝侯を演じ分けた。大聖堂の中に入ることのできた見物人は帝国諸侯や帝国伯爵に付け加わった追加の喝采役ということになるであろうか。

音楽隊は聖職者の補助者という役割をもっていたが、供回りは儀式の関係者の手助けをするためにその場にいたにすぎず、儀式上の意味はなかった。大聖堂の外の見物人は儀式の関係者がその勢力や地位を誇示したり、恩恵を施したりする相手にはなったが、儀式の本体に関与する余地はなく、まったくの部外者にとどまった。近世後半には印刷物を通じて儀式の内容が広く知られるようになるが、それによって部外者の関わりが強化され、儀式の在り方に変化が生じたわけではない。

このように選挙も戴冠式もその本体部分では、関与する者が政治的支配者やその縁者、宗教関係者に限られるという中世以来の構図を最後まで保っていた。これは神聖ローマ帝国という国家の性格を考えれば、むしろ自然であろう。神聖ローマ帝国は、第一章で述べたように、君主と帝国各地の政治的有力者の人間関係によって成り立っていた。選挙と戴冠式は新しい君主を選んで、君主と政治的有力者の結びつきを確認するための儀式であった。したがって皇帝、選帝侯、聖職者、帝国諸侯や帝国伯爵という四者が必要にして十分な儀式の参加者なのである。ただし近世の後半には俗人の選帝侯が儀式に自ら出席しなくなったので、儀式の空疎化が生じていたことは否めないが。

これらの儀式はできるだけ前例を踏襲して型どおりに行われるべきものであった。ヨーロッパにおいても一八世紀以前には、長く続いている事物はそれだけで価値をもつものであり、儀式に関しても古さと持続性が尊重された。また儀式に不用意に変更を加えれば、参加者相互の関係に変化が起こり、だれかが不利益を被りかねないということもあった。このため、儀式は古くからのやり方のとおりに、あるいは古くからのやり方のとおりであることを装いながら続けられたのである。

それでは、これらの儀式を参加者や見物人はどのように受け取ったのであろうか。レーオポルト二世の即位の儀式に参列したのちのオーストリア宰相メッテルニヒ侯爵が一八四四年の『回想録』に記している、最初に紹介した感想が一般的な受け取り方であろう。戴冠式は目にすることができる限りで最も壮大で最も豪華な式典のひとつであり、最も小さな細部に至るまですべてが伝統の力強さと華美華麗の集結により頭脳と心情に語りかけてきたというのである。

ただしレーオポルト二世の戴冠式についてはもっと醒めた感想を書き残した者もいる。帝国世襲マルシャルのパッペンハイム伯爵の保護下で儀式を見たカール・ハインリヒ・ラングである。ラングは著述家、歴史家、官僚という多彩な顔をもつ人物で、一八世紀から一九世紀への転換期にバイエルンの内政改革を遂行したマクシミーリアーン・フォン・モンジュラ伯爵のもとで紋章局長官を務めた。死後七年たって『回想録』(一八四二)が出版された。

その『回想録』のなかでラングはレーオポルト二世の戴冠式について、戴冠式用衣装は古物市で買い集めた古着のようなもの、帝冠はへたくそな銅細工師の仕事、戴冠式で大司教の前に寝そべる皇帝は最も地位の低い托鉢修道士のようなものとあざ笑う。ラングのこのような受け取り方が儀式を見た当時のものか、もっとあとで振り返って書かれたものか定かではないが、啓蒙主義の洗礼を受けた人間がいかにも抱きそうな身も蓋もない感想ではある。

このような啓蒙主義的な感性が広まれば、宗教と密接に結びついた皇帝の選挙と戴冠の儀式は説得力を失ったかもしれない。その場合、選挙と戴冠の儀式はどうなったのであろうか。儀式が変更されたり、意図的な曲解によって儀式に新しい意味が付与されたりしたのであろうか。いずれにせよこの設問への答えが実際に出されることはなかった。神聖ローマ帝国は一八〇六年にナポレオンの圧力によって瓦解し、それとともに選挙と戴冠式の伝統も途絶えた。ヨーロッパは神聖ローマ帝国に見られるような権力の分散的で、重層的で、不均質な在り方を許容しない新しい時代に入ったのである。

終

Hof im Spiegel der Zeremonialprotokolle (1652-1800), Insbruck, Wien u. Bozen 2007, S. 529-572.
Koch, Rainer u. Patricia Stahl, Hrsg., Wahl und Krönung in Frankfurt am Main. Kaiser Karl VII. 1742-1745, 2 Bde., Frankfurt am Main 1986.
Macek, Bernhard A., Die Krönung Josephs II. zum Römischen König in Frankfurt am Main, 2. Aufl., Frankfurt am Main 2011.
Die Memoiren des Karl Heinrich Ritters von Lang, Erlangen 1984 (1842).
Neuhaus, Helmut, Das Reich in der Frühen Neuzeit, München 1997.
Pufendorf, Samuel, Die Verfassung des deutschen Reiches, Stuttgart 1985 (1667).
Roth, Ralf, Die Herausbildung einer modernen bürgerlichen Gesellschaft. Geschichte der Stadt Frankfurt am Main, Bd. 3: 1789-1866, Ostfildern 2013.
Schilling, Heinz, Die Stadt in der Frühen Neuzeit, 2. Aufl., München 2004.
Schmidt, Georg, Geschichte des Alten Reiches. Staat und Nation in der Frühen Neuzeit 1495-1806, München 1999.
Schomann, Heinz, Kaiserkrönung, Dortmund 1982.
Spiess, Karl-Heinz, Das Lehnswesen in Deutschland im hohen und späten Mittelalter, 3. Aufl.,, Stuttgart 2011.
Stollberg-Rilinger, Barbara, Das Heilige Römische Reich Deutscher Nation. Vom Ende des Mittelalters bis 1806, 3. Aufl., München 2007.
Stollberg-Rilinger, Barbara, Des Kaisers alte Kleider. Verfassungsgeschichte und Symbolsprache des Alten Reiches, München 2008.
Wandruszka, Adam, Leopold II. Erzherzog von Österreich, Grossherzog von Toskana, König von Ungarn und Böhmen, Römischer Kaiser, 2 Bde., Wien 965.
Wanger, Bernd Herbert, Kaiserwahl und Krönung im Frankfurt des 17. Jahrhunderts, Frankfurt am Main 1994.
ウィルスン、ピーター・H・『神聖ローマ帝国1495—1806』山本文彦訳、岩波書店、2005年
『メッテルニヒの回想録』安斎和雄監訳、恒文社、1994年

参考文献

Vollständiges Diarium der Römisch-Königlichen Wahl und Kaiserlichen Krönung Ihro unmehr allerglorwürdigst regierenden Kaiserlichen Majestät Leopold des Zweiten, rankfurt am Main 1791.

Berger, Erna u. Konrad Bund, Hrsg., Wahl und Krönung Leopolds II. 1790. Brieftagebuch des Feldschers der kursächsischen Schweizergarde, Frankfurt am Main 1981.

Burgdorf, Wolfgang, Bearb., Die Wahlkapitulationen der römisch-deutschen Könige und Kaiser 1519-1792, Göttingen 2015.

Buschmann, Arno, Hrsg., Kaiser und Reich. Klassische Texte und Dokumente zur Verfassungsgeschiche des Heiligen Römischen Reiches Deutscher Nation vom Beginn des 12. Jahrhunderts bis zum Jahre 1806, München 1984.

Aretin, Karl Otmar von, Das Alte Reich 1648-1806, 3 Bde., Stuttgart 1993-1997.

Burgdorf, Wolfgang, Protokonstitutionalismus. Die Reichsverfassung in den Wahlkapitulationen der römisch-deutschen Könige und Kaiser 1519-1792, Göttingen 2015.

Frankfurt am Main. Die Geschichte der Stadt in neun Beiträgen, Sigmaringen 1991.

Gall, Lothar, Hrsg., FFM 1200. Tradition und Perspektive einer Stadt, Sigmaringen 1994.

Gotthard, Axel, Das Alte Reich 1495-1806, Darmstadt 2003.

Hartmann, Peter Claus, Kulturgeschichte des Heiligen Römischen Reiches 1648 bis 1806, Wien, Köln, Graz 2001.

Hartmann, Peter Claus, Das Heilige Römische Reich deutscher Nation in der Neuzeit 1486-1806, Stuttgart 2005.

Hawlik-van de Water, Magdalena, Der schöne Tod. Zeremonialstrukturen des Wiener Hofes bei Tod und Begräbnis zwischen 1640 bis 1710, Wien 1989.

Herbers, Klaus u. Helmut Neuhaus, Das Heilige Römische Reich, Köln u. a. 2010.

Kneidinger, Michaela u. Philipp Dittinger, Hoftrauer am Kaiserhof, 1652-1800, in: Irmgard Pangerl, Martin Scheutz u. Thomas Winkelbauer, Hrsg., Der Wiener

谷口　健治（たにぐち　けんじ）

1947年生まれ。1976年京都大学大学院文学研究科博士課程単位取得退学、現在滋賀大学名誉教授。

著書

『ドイツ手工業の構造転換――「古き手工業」から三月前期へ』
昭和堂、2001年
『バイエルン王国の誕生――ドイツにおける近代国家の形成』
山川出版社、2003年
『近代国家形成期の教育改革――バイエルンの事例にみる』
昭和堂、2012年
『はじめて学ぶドイツの歴史と文化』
共著、ミネルヴァ書房、2020年　など。

神聖ローマ皇帝の即位儀礼

2023（令和5）年2月1日　初版

著者　谷口 健治

発行　株式会社大垣書店
印刷　小野高速印刷株式会社

ISBN9784903954585　C1039